중국인과 첫만남에서 이루어지는 소소한 이야기

라이프
중국어

1

시사중국어사

라이프 중국어 ①

초판 인쇄	2024년 9월 1일
초판 발행	2024년 9월 20일
저자	권운영
책임 편집	연윤영, 최미진, 高霞
펴낸이	엄태상
디자인	이건화
성우	유창리, 유수평
콘텐츠 제작	김선웅, 장형진
마케팅본부	이승욱, 왕성석, 노원준, 조성민, 이선민
경영기획	조성근, 최성훈, 김다미, 최수진, 오희연
물류	정종진, 윤덕현, 신승진, 구윤주
펴낸곳	시사중국어사(시사북스)
주소	서울시 종로구 자하문로 300 시사빌딩
주문 및 문의	1588-1582
팩스	0502-989-9592
홈페이지	http://www.sisabooks.com
이메일	book_chinese@sisadream.com
등록일자	1988년 2월 12일
등록번호	제300-2014-89호

ISBN 979-11-5720-267-6 14720
ISBN 979-11-5720-269-0(set)

머리말

　기초중국어 강의를 한 지 벌써 20년이 지났지만, '기초중국어'라는 과목을 가르치는 것이 가장 힘들면서 가장 보람 있는 일이라고 생각합니다.

　최근 한·중 관계의 영향으로 중국어에 대한 인기와 선호도가 떨어지고 있다고 하지만, 두 나라는 지리적·역사적 조건은 물론이고, 정치·외교·경제 분야에서도 불가분의 관계임은 틀림없습니다. 따라서 교류가 지속되는 한 중국에 대한 언어와 문화 교육을 포기할 수 없습니다. 많은 과목, 긴 시간을 할애해서 교육할 수 없다면, 짧은 시간에 더 잘 가르쳐야 할 때라고 생각합니다. 이러한 이유로 기초와 초급 수준의 중국어를 배우게 되는 현재 상황에서 HSK 3급 수준까지의 중국어를 잘 가르쳐 보고 싶다고 생각했습니다. 그래서 〈라이프 중국어 1~3〉 시리즈로 비교적 짧은 배움에서 많은 것을 자연스럽게 알 수 있었으면 하는 바람으로 교재를 완성했습니다.

　〈라이프 중국어 1〉의 특징은 세 가지로 설명할 수 있습니다.

1 단어는 HSK 1급 단어를 기준으로 하여 정리했습니다. 총 150개 단어만으로 구성했기 때문에 발음부터 천천히 공부하면서 중국어를 학습할 수 있습니다.

2 1권 학습을 마치면 중화권 친구들을 만나서 간단하게 중국어로 자신의 성명, 전공, 학교, 국적 등 자기소개를 할 수 있고, WeChat 등 SNS를 공유할 수 있습니다. 중국어로 자신을 소개함으로써 자연스럽게 국제 교류를 할 수 있도록 하였습니다.

3 한 학기 동안 부담 없이 학습할 수 있도록 총 10개 과로 구성했습니다. 중국어로 자기 소개를 연습할 수 있도록 부록으로 따로 정리하였으니, 꼭 끝까지 학습해서 중국 친구를 사귈 수 있는 기회가 되길 바랍니다.

　적은 양의 중국어로 넓은 세상으로 나아갈 수 있도록 준비했으니, 좋은 선생님과 성실한 학생들이 만나서 그 세상에서 멋진 꿈을 펼칠 수 있길 바라겠습니다.

　마지막으로, 〈라이프 중국어〉 시리즈 편찬을 위해서 애써주신 신한대학교 국제어학과 리나시타교양대학의 중국인 교수님들께 감사드립니다. 그리고 중국어교재 출판을 선호하지 않는 시기임에도 책을 멋지게 출판해 주신 시사중국어출판사 관계자분들께도 깊은 감사를 드립니다.

대표 저자 권은영 올림

과 도입

배울 내용을 미리 알 수 있습니다.

발음

중국어의 발음과 성조를
먼저 학습합니다.

발음 연습

정확한 발음을 위해 학습한
내용을 훈련할 수 있습니다.

(회화)

중국에 대해 잘 알 수 있도록
중국 현지 상황을 담은
생생한 대화만을 실었습니다.

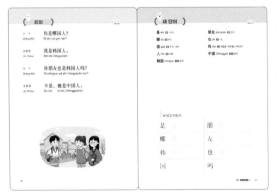

(새 단어)

새 단어를 미리 익히고,
또 써 봅니다.

핵심 포인트

핵심 포인트

이번 과에서 주요하게 학습하고 익혀야 할
핵심 어법 및 표현을 실었습니다. 학습 후
핵심 내용을 빈 곳에 정리해 보세요.

연습문제

HSK 형식 연습문제로 HSK 시험도 함께
준비할 수 있습니다.

China Talk Talk

중국과 한걸음 더 가까워질 수 있도록
중국 문화에 대한 흥미로운 내용을 담았습니다.

해석 및 정답, 색인

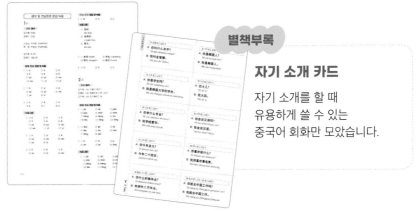

별책부록

자기 소개 카드

자기 소개를 할 때
유용하게 쓸 수 있는
중국어 회화만 모았습니다.

복습 Ⅰ

등장 인물

张伟(장웨이) Zhāng Wěi

남, 20세,
시사외국어대학교 2학년 학생.

金智慧(김지혜) Jīn Zhìhuì

여, 19세,
시사외국어대학교 한국인 유학생.

일러두기

품사 약어

명사	명	형용사	형	접속사	접
고유명사	고유	부사	부	감탄사	감
동사	동	수사	수	조사	조
조동사	조동	양사	양		
대사	대사	개사	개		

1 과

你好。

Nǐ hǎo.

안녕하세요.

학습 내용 발음 ① | 인사말

핵심 어법 인칭대사 | 인사말

문화 중국의 판다 외교 '푸바오'

발음 ❶

단운모 单韵母 dānyùnmǔ (01-01)

● 모음 하나로 이루어진 운모는 '단운모 单韵母 dānyùnmǔ'라고 합니다.

a	입을 크게 벌려 발음을 한다.	예 á 啊 à 啊
o	입을 반 정도 벌리고 동그랗게 모아서 발음을 한다.	예 ō 噢 ò 哦
e	입을 약간만 벌리고 혀뿌리를 올려서 발음을 한다.	예 ě 恶 é 鹅
i	입을 양 옆으로 벌려서 발음을 한다.	예 yì 亿 yī 一
u	입술을 동그랗게 앞으로 내밀면서 발음을 한다.	예 wǔ 五 wù 物
ü	입술을 동그랗게 모아 앞으로 내민 상태를 유지하면서 발음을 한다.	예 yú 鱼 yǔ 语

> 꿀팁
> 운모 i, u, ü가 단독으로 음절을 구성하는 경우 아래와 같이 표기합니다.
> i → yi   u → wu   ü → yu

성조 声调 shēngdiào (01-02)

● '성조 声调 shēngdiào'는 음의 높낮이를 말합니다. 중국어 표준어에는 네 개의 성조가 있습니다.

성조	표기법	발음 방법	예
1성	────────▶	가장 높은 음을 유지하여 발음한다.	bā 八 여덟
2성	↗	중간 음에서 가장 높은 음까지 올려 발음한다.	bá 拔 뽑다
3성	╲╱	중간 음에서 가장 낮은 음까지 내렸다가 다시 높은 음까지 올려서 발음한다.	bǎ 把 손잡이
4성	╲	가장 높은 음에서 가장 낮음 음으로 내리며 발음한다.	bà 爸 아버지

12

경성 轻声 qīngshēng 🎧 01-03

● 성조 표기가 없는 음은 '경성 轻声 qīngshēng'이라고 하며 짧고 가볍게 발음합니다.

1성 + 경성	2성 + 경성	3성 + 경성	4성 + 경성
māma 妈妈 어머니	yéye 爷爷 할아버지	jiějie 姐姐 언니, 누나	dìdi 弟弟 남동생

성조 표기법

(1) 성조는 모음 a, o, e, i, u, ü 위에 표기합니다.

(2) 운모가 두 개 이상일 경우 입 벌리는 크기에 따라 다음 순서대로 성조를 표기합니다.

$$a \quad \rightarrow \quad \begin{matrix} o \\ e \end{matrix} \quad \rightarrow \quad \begin{matrix} i \\ u \\ ü \end{matrix}$$

예 biān gōu

(3) 운모 i와 u가 같이 출현하는 경우 뒤에 나오는 모음 위에 성조를 표기합니다.

예 xiǔ jiù duì guī

(4) 운모 i 위에 성조를 표기하는 경우 점 'ㆍ'을 빼고 표기합니다.

예 jǐ mǐ zhī pī

발음 연습

1 녹음을 듣고 한어병음에 성조를 표기해 보세요. 🎧01-04

(1) o

(2) o

(3) a

(4) a

(5) e

(6) e

(7) yu

(8) yu

(9) wu

(10) wu

(11) yi

(12) yi

2 녹음을 듣고 알맞은 한어병음에 ○를 표기해 보세요. 🎧01-05

(1) ǎ ě

(2) é yí

(3) ē ō

(4) yí yú

(5) yǔ wǔ

(6) wǔ ǒ

(7) yì yù

(8) ā yī

3 녹음을 듣고 한어병음을 써 보세요. 🎧01-06

(1)

(2)

(3)

(4) y

(5) y

(6) w

발음 연습

4 다음 단운모를 정확하게 읽어 보세요.

(1) a   (2) o   (3) e

(4) i   (5) u   (6) ü

5 다음 성조를 정확하게 읽어 보세요.

(1) ā   á   ǎ   à

(2) ō   ó   ǒ   ò

(3) ē   é   ě   è

(4) ī   í   ǐ   ì

(5) ū   ú   ǔ   ù

(6) ǖ   ǘ   ǚ   ǜ

6 다음 한어병음을 읽어 보세요.

(1) á   (2) ò   (3) é   (4) yī

(5) wǔ   (6) wù   (7) yú   (8) yǔ

수업을 시작하기 전

金智慧	你好。
Jīn Zhìhuì	Nǐ hǎo.

张 伟	你好。
Zhāng Wěi	Nǐ hǎo.

선생님이 들어오며

老 师	你们好。
Lǎoshī	Nǐmen hǎo.

学 生	老师好。
Xuésheng	Lǎoshī hǎo.

수업이 끝나며

金智慧	再见。
Jīn Zhìhuì	Zài jiàn.

张 伟	明天见。
Zhāng Wěi	Míngtiān jiàn.

새 단어

- 你 nǐ 대 너, 당신
- 好 hǎo 형 좋다, 안녕하다
- 老师 lǎoshī 명 선생님
- 你们 nǐmen 대 너희들, 당신들

- 学生 xuésheng 명 학생
- 再 zài 부 또, 다시
- 见 jiàn 동 만나다, 보다
- 明天 míngtiān 명 내일

써 보고 익히기

你	你	们	们
好	好	再	再
老	老	见	见
师	师	明	明

1 인칭대사

사람 혹은 동물을 가리키는 표현은 '인칭대사'라고 하며, 중국어에서 자주 쓰이는 인칭대사는 아래와 같습니다.

	단수	복수
1인칭	我 wǒ 나, 저	我们 wǒmen 우리
2인칭	你 nǐ 너, 당신 您 nín 상대방에 대한 존칭	你们 nǐmen 너희들, 당신들
3인칭	他 tā 그(남성) 她 tā 그녀(여성) 它 tā 그것(동·식물, 사물)	他们 tāmen 그들 她们 tāmen 그녀들 它们 tāmen 그것들

2 만날 때 인사말

일반적으로 인사할 때에는 상대방을 지칭하는 주어 뒤에 好 hǎo를 붙입니다.

- **老师好。** 선생님, 안녕하세요?
  Lǎoshī hǎo.

- **您好。** 안녕하세요. (안녕하십니까?)
  Nín hǎo.

3성 음절 뒤에 3성 음절이 또 나올 경우 성조 표기는 바꾸지 않고, 발음할 때만 첫 번째 3성을 2성으로 바꿔 발음합니다.

Nǐ hǎo.	Ní hǎo.	dǎsǎo	dásǎo
你好。 →	你好。	打扫 →	打扫

3 헤어질 때 인사말

헤어질 때에는 인사말로 **再见** zài jiàn이라고 하거나 구체적인 시간사 뒤에 **见** jiàn을 붙여 말합니다.

- **明天见。** 내일 만나요.
  Míngtiān jiàn.

- **下周见。** 다음주에 만나요.
  Xiàzhōu jiàn.

4 고마울 때와 미안할 때

A **谢谢。**
  Xièxie.
  감사합니다.

B **不客气。**
  Bú kèqi.
  별말씀을요.

A **对不起。**
  Duì bu qǐ.
  죄송합니다.

B **没关系。**
  Méi guānxi.
  괜찮아요.

어휘　　**下周** xiàzhōu 명 다음주 ｜ **不** bù 부 아니다

✏️ 핵심 정리 해 보기

1 주어진 사진 중에서 녹음 스크립트와 일치하는 것을 선택하세요. 01-12

예시   你好。Nǐ hǎo.

Ⓐ

B

C

(1)

A

B

C

(2)

A

B

C

(3)

A

B

C

2 밑줄 친 부분을 제시어로 바꿔 대화를 완성하세요. 01-13

(1) 你好。
Nǐ hǎo.

您
Nín

你们
Nǐmen

老师
Lǎoshī

(2) 再见。
Zài jiàn.

明天
Míngtiān

下周
Xiàzhōu

晚上
Wǎnshang

어휘 晚上 wǎnshang 명 저녁, 밤

3 다음 사진을 보고 연상되는 중국어를 말해 보세요. 〔01-14〕

(1)

(2)

(3)

(4)

4 제시된 질문에 알맞은 답을 골라 네모 칸 안에 알파벳을 적어 보세요.

예시　Nǐ hǎo.
　　　你好。

B

　Xiàzhōu jiàn.
Ⓐ 下周见。

(1)　Lǎoshī hǎo.
　　 老师好。

　Nǐ hǎo.
Ⓑ 你好。

(2)　Xiàzhōu jiàn.
　　 下周见。

　Míngtiān jiàn.
Ⓒ 明天见。

(3)　Míngtiān jiàn.
　　 明天见。

　Nǐmen hǎo.
Ⓓ 你们好。

중국의 판다 외교 '푸바오'

중국은 친구끼리 어떤 선물을 주고 받을까요?

중국은 오래전부터 친구끼리 선물을 주고받는 문화가 있습니다. 이러한 문화는 외교로도 이어져 외교 시 선물을 주고 받는 것이 매우 중요한 일이 되었습니다. 20세기 중반에는 중국의 총리가 건강이 악화된 베트남 국가주석 호찌민이 '베이징 카오야'를 먹고 싶어한다는 이야기를 듣고 베트남으로 직접 카오야를 보내준 적이 있을 정도로 선물에 정성을 다합니다.

중국은 다른 나라와의 관계 개선을 위해 중국의 국보급 동물이자 세계 희귀 동물 중 하나인 판다를 세계 각국에 보내는 외교 활동을 하고 있는데, 원래 이 판다 외교는 국민당이 대만으로 건너가기 전 장개석이 미국에 판다를 보낸 것을 기점으로 생겨났습니다. 최근에 우리나라를 떠난 푸바오는 중국의 '판다 외교'의 일환으로 한국에 오게 된 아이바오와 러바오가 국내에서 자연임신이 되어 태어난 판다입니다. 푸바오의 모든 성장 과정을 우리나라 사람들이 지켜보면서 그 사랑이 매우 커졌으며, 이를 통해 양국의 관계 개선을 위해 긍정적 요소로 작용하게 된 판다 외교의 가장 좋은 예 중 하나라고 할 수 있습니다.

2과

我叫张伟。

Wǒ jiào Zhāng Wěi.

저는 장웨이라고 해요.

발음 ❷

성모1 声母 shēngmǔ

● 위아래 입술을 붙였다 떼면서 내는 소리입니다.

bo	bà 爸	bá 拔
po	pǔ 普	pū 铺
mo	mì 密	mǐ 米

● 윗니를 아랫입술 안쪽에 대고 그 사이로 공기를 마찰 시켜 내는 소리입니다.

fo	fā 发	fǎ 法

● 혀끝을 윗니 뒤에 붙였다 떼면서 내는 소리입니다.

de	dà 大	dǎ 打
te	tǔ 土	tú 图
ne	nǐ 你	ní 泥
le	lǜ 绿	lǚ 旅

복운모1 复韵母 fùyùnmǔ 02-02

● a, o, e로 시작하는 운모입니다.

ai	bái 白	pái 排
ao	tǎo 讨	dǎo 倒
an	mán 瞒	nán 难
ang	fāng 方	bāng 帮
ei	péi 陪	féi 肥
en	mèn 闷	nèn 嫩
eng	béng 甭	péng 朋
ou	dōu 都	tōu 偷
ong	lóng 龙	tóng 同

발음 연습

1 녹음을 듣고 한어병음에 성조를 표기해 보세요. (02-03)

(1) da

(2) da

(3) pao

(4) pao

(5) man

(6) man

(7) beng

(8) beng

(9) lou

(10) lou

(11) fang

(12) fang

2 녹음을 듣고 알맞은 한어병음에 ○를 표기해 보세요. (02-04)

(1) dǒu dǎo

(2) lái léi

(3) tài dài

(4) fēng fēn

(5) bó pó

(6) mán nán

(7) tǒng tǎng

(8) péi féi

3 녹음을 듣고 한어병음을 써 보세요. (02-05)

(1)   ǒu

(2)   ái

(3)   ēng

(4) t

(5) p

(6) l

02-06

金智慧 Jīn Zhìhuì	你叫什么名字? Nǐ jiào shénme míngzi?
张 伟 Zhāng Wěi	我叫张伟。你呢? Wǒ jiào Zhāng Wěi. Nǐ ne?
金智慧 Jīn Zhìhuì	我叫金智慧。 Wǒ jiào Jīn Zhìhuì.

02-07

□ 叫 jiào 통 (~라고) 부르다

□ 名字 míngzi 명 이름

□ 什么 shénme 대 무엇, 무슨

□ 呢 ne 조 ~은?, ~은요?

✏ 써 보고 익히기

叫	叫		名	名
什	什		字	字
么	么		呢	呢

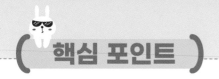
1 동사술어문

동사가 술어 역할을 하는 문장을 '동사술어문'이라고 하며, 목적어를 취하는 경우 동사 뒤에 붙입니다.

A 你叫什么名字?
Nǐ jiào shénme míngzi?
당신은 이름이 뭐예요?

B 我叫金智慧。
Wǒ jiào Jīn Zhìhuì.
저는 김지혜라고 해요.

A 你吃什么?
Nǐ chī shénme?
당신은 무엇을 드세요?

B 我吃米饭。
Wǒ chī mǐfàn.
저는 (쌀)밥을 먹어요.

2 의문대사 什么 shénme

什么 shénme는 '무엇'이라는 뜻으로 무언가에 대해 물을 때 사용합니다.

A 你叫什么名字? 당신은 이름이 뭐예요? (성함이 어떻게 되세요?)
Nǐ jiào shénme míngzi?

B 我叫张伟。 저는 장웨이라고 해요.
Wǒ jiào Zhāng Wěi.

A 你们喝什么? 당신들은 무엇을 마셔요?
Nǐmen hē shénme?

B 我们喝茶。 우리는 차를 마셔요.
Wǒmen hē chá.

어휘 吃 chī 통 먹다 | 米饭 mǐfàn 명 쌀밥 | 喝 hē 통 마시다 | 茶 chá 명 차

3 **어기조사** 呢 ne

의문문 끝에 쓰이는 呢 ne는 주로 대화를 할 때 주제가 같을 경우 반복되는 질문의 내용을 생략할 때 쓰입니다.

A 你叫什么名字? 당신은 이름이 뭐예요? (성함이 어떻게 되세요?)
  Nǐ jiào shénme míngzi?

B 我叫张伟。你呢? 저는 장웨이라고 해요. 당신은요?
  Wǒ jiào Zhāng Wěi. Nǐ ne?

A 你们喝什么? 당신들은 무엇을 마셔요?
  Nǐmen hē shénme?

B 我们喝茶。你呢? 우리는 차를 마셔요. 당신은요?
  Wǒmen hē chá. Nǐ ne?

 핵심 정리 해 보기

연습문제

1 주어진 사진 중에서 녹음 스크립트와 일치하는 것을 선택하세요. 02-08

예시 　你好。Nǐ hǎo.

　　　　Ⓐ　　　　　　　　　B　　　　　　　　　C

(1)

　　　　A　　　　　　　　　B　　　　　　　　　C

(2)

　　　　A　　　　　　　　　B　　　　　　　　　C

(3)

　　　　A　　　　　　　　　B　　　　　　　　　C

32

2 밑줄 친 부분을 제시어로 바꿔 대화를 완성하세요. (02-09)

(1) A: 你叫什么?
     Nǐ jiào shénme?

B: 我叫金智慧。
   Wǒ jiào Jīn Zhìhuì.

吃
chī

喝
hē

吃   米饭
chī   mǐfàn

喝   茶
hē   chá

(2) 我们喝茶，你呢?
     Wǒmen hē chá, nǐ ne?

你们
nǐmen

他们
tāmen

3 다음 사진을 보고 연상되는 중국어를 말해 보세요. 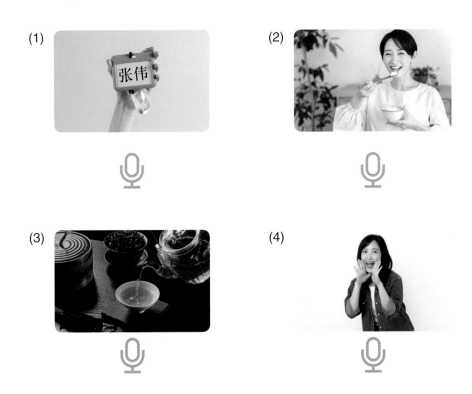 02-10

(1)

🎤

(2)

🎤

(3)

🎤

(4)

🎤

4 제시된 질문에 알맞은 답을 골라 네모 칸 안에 알파벳을 적어 보세요.

예시   Nǐ hǎo.
　　　你好。

B

Ⓐ Wǒmen hē chá.
　　我们喝茶。

(1)   Nǐ jiào shénme míngzi?
　　　你叫什么名字?

Ⓑ Nǐ hǎo.
　　你好。

(2)   Nǐ chī shénme?
　　　你吃什么?

Ⓒ Wǒ jiào Jīn Zhìhuì.
　　我叫金智慧。

(3)   Nǐmen hē shénme?
　　　你们喝什么?

Ⓓ Wǒ chī mǐfàn.
　　我吃米饭。

중국인이 선호하는 숫자

중국 사람들이 좋아하는 숫자는 무엇일까요?

중국 문화에서 숫자 이야기는 빼놓을 수가 없습니다. 중국인들은 숫자 3, 9를 전통적으로 '양'의 기운이 좋은 '吉(길)한 숫자'라고 해서 선호합니다. 그래서 중국에는 '중양절(重阳节)'이라고 해서 양의 기운이 가장 좋다는 '9(3×3=9)'가 중첩되는 9월 9일을 전통 명절로 지정했습니다.

현대에 와서는 경제 생활에 관심을 갖게 되면서 재물과 관련된 숫자가 중국인들에게 각광을 받게 되었습니다. 이것은 '해음 현상'과도 관련이 있어서 숫자의 발음에 의미를 부여하면서 생겨난 문화입니다. 특히 숫자 8은 '发财(돈을 벌다)'의 '发'와 그리고 6은 '流(흐르다)'와 발음이 비슷하여 선호합니다. 이런 현상은 중국에서 자동차의 번호판을 구매하거나 경매하는 현상에서 자주 확인할 수 있습니다. 숫자 6, 8이 있는 번호판은 경매에서 매우 비싼 값으로 판매되기 때문입니다.

3과

我是韩国人。

Wǒ shì Hánguórén.

저는 한국 사람이에요.

학습 내용	발음 ③	국적 묻고 답하기
핵심 어법	是 shì 자문	의문대사 哪 nǎ	의문조사 吗 ma
문화	중국인이 좋아하는 빨간색

발음 ❸

😊 성모 2 声母 shēngmǔ   03-01

● 혀뿌리를 입천장 뒤쪽에 붙이고 그 사이로 공기가 뚫고 나오면서 내는 소리입니다.

ge	gǒu 狗	gōu 沟
ke	kǎn 砍	kàn 看
he	hèn 恨	hěn 很

● 입을 양 옆으로 벌리고 혓바닥과 입천장 사이 공기를 마찰 시켜 내는 소리입니다.

ji	jī 机	jǐ 几
qi	qù 去	qū 区
xi	xù 序	xǔ 许

> 🍯팁
>
> 성모 j, q, x 뒤에 u가 나오는 경우 u는 ü로 발음합니다.
>
> jú 桔   qù 去   xū 须

😊 복운모 2 复韵母 fùyùnmǔ 03-02

● -i로 시작하는 운모입니다.

ia	xià 夏	qià 恰
ie	jiě 姐	xiě 写
iao	xiào 笑	jiào 叫
iou(iu)	diū 丢	qiū 秋
ian	jiàn 见	xiàn 现
iang	qiǎng 抢	xiǎng 想
in	jīn 今	pīn 拼
ing	bìng 并	mìng 命
iong	qióng 穷	xióng 熊

> 🍯팁
>
> (1) i가 단독으로 음절을 구성하거나 앞에 성모가 없는 경우 y 혹은 yi로 바꿔 표기합니다.
>
> i → yi   ing → ying
>
> ia → ya   iong → yong
>
> (2) 운모 iou가 성모와 결합하는 경우 iu로 표기합니다.
>
> d + iou → diu   j + iou → jiu

발음 연습

1 녹음을 듣고 한어병음에 성조를 표기해 보세요. 🎧 03-03

(1) qia

(2) qia

(3) jie

(4) jie

(5) qiao

(6) qiao

(7) xiong

(8) xiong

(9) gao

(10) gao

(11) kou

(12) kou

2 녹음을 듣고 알맞은 한어병음에 ○를 표기해 보세요. 🎧 03-04

(1) xiá   xié

(2) jiǎo   jiǔ

(3) qiān   qīn

(4) jiǎng   jiǒng

(5) xiū   xiāo

(6) gǎn   kǎn

(7) hǒu   kǒu

(8) yè   yà

3 녹음을 듣고 한어병음을 써 보세요. 🎧 03-05

(1)   iǎo

(2)   àn

(3)   ōu

(4) x

(5) q

(6) j

张 伟　　　你是哪国人？
Zhāng Wěi　Nǐ shì nǎ guó rén?

金智慧　　　我是韩国人。
Jīn Zhìhuì　Wǒ shì Hánguórén.

张 伟　　　你朋友也是韩国人吗？
Zhāng Wěi　Nǐ péngyou yě shì Hánguórén ma?

金智慧　　　不是，她是中国人。
Jīn Zhìhuì　Bú shì,　　tā shì Zhōngguórén.

새 단어

□ 是 shì 동 ~이다

□ 哪 nǎ 대 어느

□ 国 guó 명 국가, 나라

□ 人 rén 명 사람

□ 韩国 Hánguó 고유 한국

□ 朋友 péngyou 명 친구

□ 也 yě 부 ~도

□ 吗 ma 조 의문을 나타내는 어미조사

□ 中国 Zhōngguó 고유 중국

써 보고 익히기

是	是	朋	朋
哪	哪	友	友
韩	韩	也	也
国	国	吗	吗

핵심 포인트

1 是 shì 자문

是 shì는 '~이다'라는 뜻으로 주로 'A是B。' 형식으로 쓰여 'A는 B이다.'라는 뜻을 나타냅니다.
부정은 是 shì 앞에 부정부사 不 bù를 붙입니다.

긍정형	부정형
我是韩国人。 Wǒ shì Hánguórén. 저는 한국 사람이에요.	我不是韩国人。 Wǒ bú shì Hánguórén. 저는 한국 사람이 아니에요.
他是中国人。 Tā shì Zhōngguórén. 그는 중국 사람이에요.	他不是中国人。 Tā bú shì Zhōngguórén. 그는 중국 사람이 아니에요.

> 꿀팁
>
> 不 bù의 성조 변화
> 不 bù는 부정부사로 술어 앞에서 부정을 나타냅니다.
>
> (1) 不 뒤의 음절이 1성·2성·3성일 경우 不를 4성으로 발음합니다.
> bù tīng 不听   bù máng 不忙   bù hǎo 不好
>
> (2) 不 뒤의 음절이 4성일 경우 不를 2성으로 발음합니다.
> bú rè 不热   bú pàng 不胖   bú shì 不是

2 의문대사 哪 nǎ

哪 nǎ는 '어느'라는 뜻으로 많은 경우의 수 중에서 어느 것에 해당되는지를 질문할 때 사용합니다.

A 你是哪国人?　당신은 어느 나라 사람이에요?
　Nǐ shì nǎ guó rén?

B 我是韩国人。　저는 한국 사람이에요.
　Wǒ shì Hánguórén.

A 你看哪本书?　당신은 어느 책을 볼 거예요?
　Nǐ kàn nǎ běn shū?

B 我看这本书。　저는 이 책을 볼 거예요.
　Wǒ kàn zhè běn shū.

3 의문조사 吗 ma

평서문 마지막에 **吗** ma를 붙이면 의문문이 됩니다. **吗** ma 의문문은 주로 사실 여부를 물을 때 사용합니다. 단, 我 wǒ가 주어인 경우, 我 wǒ를 你 nǐ(您 nín)로 변경합니다.

평서문	의문문
我是韩国人。 Wǒ shì Hánguórén. 저는 한국 사람이에요.	你是韩国人吗? Nǐ shì Hánguórén ma? 당신은 한국 사람이에요?
他是我朋友。 Tā shì wǒ péngyou. 그는 제 친구예요.	他是你朋友吗? Tā shì nǐ péngyou ma? 그는 당신 친구예요?

어휘　**看** kàn 통 보다　|　**这** zhè 대 이, 이것　|　**本** běn 양 권(책을 세는 단위)　|　**书** shū 명 책

✏ 핵심 정리 해 보기

1 주어진 사진 중에서 녹음 스크립트와 일치하는 것을 선택하세요. 03-08

예시 **你好。** Nǐ hǎo.

Ⓐ

B

C

(1)

A

B

C

(2)

A

B

C

(3)

A

B

C

2 밑줄 친 부분을 제시어로 바꿔 대화를 완성하세요. (03-09)

(1) A: 你是哪国人?
　　　Nǐ shì nǎ guó rén?

B: 我是韩国人。
　　Wǒ shì Hánguórén.

中国
Zhōngguó

美国
Měiguó

越南
Yuènán

(2) 你朋友是韩国人吗?
　　Nǐ péngyou shì Hánguórén ma?

你　　　　看书
Nǐ　　　　kàn shū

你们　　　喝茶
Nǐmen　　hē chá

他们　　　吃米饭
Tāmen　　chī mǐfàn

어휘　　美国 Měiguó 고유 미국　│　越南 Yuènán 고유 베트남

3 다음 사진을 보고 연상되는 중국어를 말해 보세요. 🎧 03-10

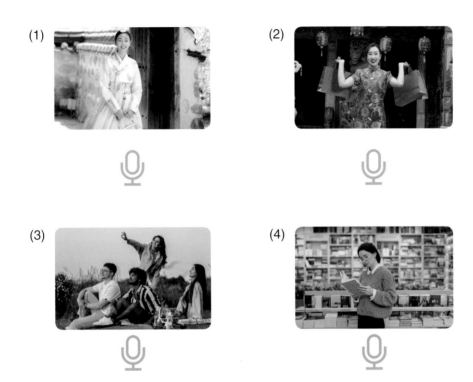

(1)

(2)

(3)

(4)

4 제시된 질문에 알맞은 답을 골라 네모 칸 안에 알파벳을 적어 보세요.

예시   Nǐ hǎo.
你好。

B

   Wǒ shì Hánguórén.
Ⓐ 我是韩国人。

(1)   Nǐ shì nǎ guó rén?
你是哪国人？

   Nǐ hǎo.
Ⓑ 你好。

(2)   Nǐ péngyou yě shì
Hánguórén ma?
你朋友也是韩国人吗？

   Shì
Ⓒ 是。

(3)   Tā shì nǐ péngyou ma?
他是你朋友吗？

   Bú shì, tā shì Zhōngguórén.
Ⓓ 不是，他是中国人。

중국인이
좋아하는 빨간색

우리나라 사람들은 어떤 색깔을 좋아할까요?

옛 문화를 살펴보면 우리나라 사람들은 흰색과 같이 비교적 깨끗한 색깔을 좋아하는 것으로 보입니다. 그런데, 중국 사람들은 기운이 좋은 색깔, 귀신을 쫓는 색깔이라고 해서 빨간색을 '길한 색'으로 꼽습니다.

이와 같은 문화는 결혼식에서 주는 축의금이나 새해에 주는 세뱃돈의 봉투 '红包' 색깔에서도 알 수 있습니다.

우리나라 사람들은 축의금과 조의금을 주는 봉투 색깔이 모두 흰색으로 통일되어 있어 중국인이 한국에서 축의금을 흰색 봉투에 주는 것을 보면 깜짝 놀랍니다. 중국은 흰색 봉투를 길일에 사용하지 않기 때문입니다. 중국에서는 좋은 일이 있을 때 꼭 빨간색 봉투를 사용하니, 중국 친구에게 선물할 때 봉투 색깔은 빨간색으로 준비하는 것이 좋습니다.

4과

我是韩国大学的学生。

Wǒ shì Hánguó dàxué de xuésheng.

저는 한국대학교 학생이에요.

학습 내용 발음 ④ | 신분 묻고 답하기

핵심 어법 숫자 표현 ① | 구조조사 的 de | 의문대사 几 jǐ

문화 중국 대학생들의 기숙사 생활

발음 ❹

🗨 성모 3 声母 shēngmǔ 🎧 04-01

● 혀끝을 윗니 뒤에 붙였다 떼면서 이빨 사이로 공기가 뚫고 나와 마찰하면서 내는 소리입니다.

zi	zán 咱	zǎn 攢
ci	cáng 藏	cāng 仓
si	sī 思	sì 四

● 혀끝을 입천장으로 말아 올리고 입천장에 붙였다 떼면서 그 사이로 공기가 뚫고 나와 마찰하면서 내는 소리입니다.

zhi	zhī 只	zhí 直
chi	chōu 抽	chòu 臭
shi	shēng 生	shéng 绳
ri	rǔ 辱	rù 入

🗨 복운모 3 复韵母 fùyùnmǔ 🎧 04-02

● –u로 시작하는 운모입니다.

ua	zhuā 抓	shuā 刷
uo	nuó 挪	luó 罗
uai	shuài 帅	chuài 踹
uei(ui)	zuì 最	cuì 翠
uan	guàn 灌	huàn 换
uang	chuāng 窗	zhuāng 妆
uen(un)	hún 混	tún 屯
ueng	wèng 瓮	wēng 翁

> 꿀 팁
>
> (1) u가 단독으로 음절을 구성하거나 앞에 성모가 없는 경우 w 혹은 wu로 바꿔 표기합니다.
>
> uo → wo   uai → wai
>
> uei → wei   uang → wang
>
> (2) 운모 uei, uen이 성모와 결합하는 경우 각각 ui, un으로 표기합니다.
>
> t + uei → tui   g + uei → gui
>
> k + uen → kun   l + uen → lun

발음 연습

1 녹음을 듣고 한어병음에 성조를 표기해 보세요. (04-03)

(1) zao   (2) zao   (3) shou

(4) shou   (5) cang   (6) cang

(7) zhui   (8) zhui   (9) ruan

(10) ruan   (11) chuang   (12) chuang

2 녹음을 듣고 알맞은 한어병음에 ○를 표기해 보세요. (04-04)

(1) huài   huì   (2) zhuāi   zhuān   (3) tún   tuán

(4) shuō   shuā   (5) zuì   zhuì   (6) căn   zăn

(7) shŏu   chŏu   (8) wēi   wēn

3 녹음을 듣고 한어병음을 써 보세요. (04-05)

(1)   ŭ   (2)   āng   (3)   ēng

(4) z   (5) r   (6) sh

张 伟
Zhāng Wěi
你是韩国留学生吗？
Nǐ shì Hánguó liúxuéshēng ma?

金智慧
Jīn Zhìhuì
是， 我是韩国大学的学生。
Shì, wǒ shì Hánguó dàxué de xuésheng.

张 伟
Zhāng Wěi
你大几？
Nǐ dà jǐ?

金智慧
Jīn Zhìhuì
我大一。
Wǒ dà yī.

学生 앞에 다른 단어가 오면,
경성 sheng은 1성으로 발음합니다.

☐ 留学生 liúxuéshēng 명 유학생

☐ 韩国大学 Hánguó dàxué 한국대학교

☐ 的 de 조 ~의

☐ 几 jǐ 대 몇

☐ 大一 dà yī 약칭 대학교 1학년
(大学一年级의 약칭)

✏️ 써 보고 익히기

留	留		的	的
学	学		几	几
生	生		大	大

1 숫자 표현 ①

零 líng 0	一 yī / yāo 1	二 èr 2	三 sān 3	四 sì 4	五 wǔ 5
六 liù 6	七 qī 7	八 bā 8	九 jiǔ 9	十 shí 10	

- **我大一。** 저는 대학교 1학년 (학생)이에요.
  Wǒ dà yī.

- **我的电话号码是01023456789。** 제 전화번호는 010-2345-6789이에요.
  Wǒ de diànhuà hàomǎ shì líng yāo líng èr sān sì wǔ liù qī bā jiǔ.

(1) 전화번호, 간판번호, 차량번호, 집번호 등 번호를 표현하는 경우 一는 yāo로 발음합니다.

(2) 一 yī의 성조 변화
  - 一가 서수로 쓰이거나 다른 음절 뒤에 나오는 경우 1성으로 발음합니다.

    星期一 xīngqīyī   一号 yī hào   第一 dì yī

  - 一 뒤의 음절이 1성·2성·3성일 경우 一를 4성으로 발음합니다.

    一些 yìxiē   一直 yìzhí   一本 yì běn

  - 一 뒤 음절이 4성일 경우 一를 2성으로 발음합니다.

    一件 yí jiàn   一块 yí kuài   一个 yí ge

어휘   **电话** diànhuà 명 전화 | **号码** hàomǎ 명 번호

2 구조조사 的 de

的 de는 주로 '관형어 + 的 + 명사' 형식으로 쓰여 소유 관계 혹은 수식 관계를 나타냅니다.

- 我是韩国大学的学生。 저는 한국대학교 학생이에요.
  Wǒ shì Hánguó dàxué de xuésheng.

- 这是我的书。 이것은 저의 책이에요.
  Zhè shì wǒ de shū.

3 의문대사 几 jǐ

几 jǐ는 '몇'이라는 뜻으로 숫자 혹은 수량에 대해 물을 때 사용합니다.

A 你大几?
Nǐ dà jǐ?
당신은 대학교 몇 학년이에요?

B 我大一。
Wǒ dà yī.
저는 대학교 1학년이에요.

A 你吃几个?
Nǐ chī jǐ ge?
당신은 몇 개 먹어요?

B 我吃三个。
Wǒ chī sān ge.
저는 세 개 먹어요.

어휘 　个 gè 양 개(사물의 개수를 세는 단위) ※ 个는 원래 4성이나 문장 속에서는 경성으로 표시함

✏️ 핵심 정리 해 보기

1 주어진 사진 중에서 녹음 스크립트와 일치하는 것을 선택하세요. 04-08

예시 你好。Nǐ hǎo.

Ⓐ

B

C

(1)

A

B

C

(2)

A

B

C

(3)

A

B

C

2 밑줄 친 부분을 제시어로 바꿔 대화를 완성하세요. 🎧 04-09

(1) <u>我</u>是<u>韩国大学</u>的<u>学生</u>。
Wǒ shì Hánguó dàxué de xuésheng.

这	我	书
Zhè	wǒ	shū
这	我	电话号码
Zhè	wǒ	diànhuà hàomǎ
他	我们	老师
Tā	wǒmen	lǎoshī

(2) A: 你大几?
Nǐ dà jǐ?

B: 我大一。
Wǒ dà yī.

大二
dà' èr

大三
dà sān

大四
dà sì

3 다음 사진을 보고 연상되는 중국어를 말해 보세요. 🎧 04-10

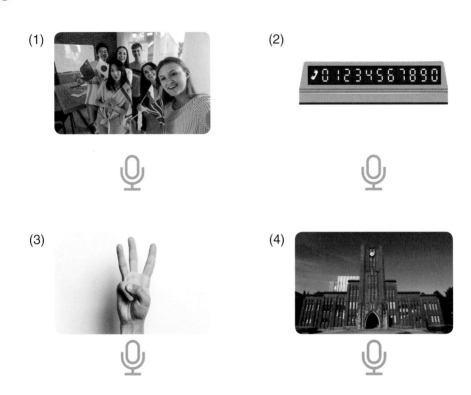

(1)

(2)

(3)

(4)

4 제시된 질문에 알맞은 답을 골라 네모 칸 안에 알파벳을 적어 보세요.

예시
Nǐ hǎo.
你好。

B

Wǒ dà yī.
Ⓐ 我大一。

(1)
Nǐ chī jǐ ge?
你吃几个?

Nǐ hǎo.
Ⓑ 你好。

(2)
Nǐ dà jǐ?
你大几?

Wǒ chī sān ge.
Ⓒ 我吃三个。

(3)
Nǐ shì Hánguó liúxuéshēng ma?
你是韩国留学生吗?

Shì.
Ⓓ 是。

58

중국 대학생들의 기숙사 생활

　중국 대학생들의 생활은 어떠할까요?

　중국 대학생들의 생활과 우리나라 대학생들의 생활 중 가장 큰 차이점을 이야기 하자면 단연코 '기숙사 생활'이라고 할 수 있습니다. 중국 대학생들은 대학에 입학 하면 무조건 학교에 있는 기숙사에서 생활하는 것을 원칙으로 합니다. 주거지 근처의 대학, 즉 상하이에 거주하는 학생이 상하이에 있는 대학에 가더라도 기숙사 생활을 해야 합니다. 예전에는 주말 외출도 쉽지 않았지만 지금은 비교적 자유로워져서 주 말에는 집에 가는 것이 허용된다고 합니다.

　기숙사 구조는 8인 1실, 6인 1실, 4인 1실 등 각 대학의 상황에 따라 다르며, 공용 화 장실과 공용 샤워실을 사용하는 곳도 많습니다. 이뿐만 아니라, 신입생들은 1개월 정 도의 군사 훈련 기간이 있는데, 기숙사 생활뿐만 아니라 군사 훈련을 통해서도 단체 생활 경험의 중요성을 중시하는 중국 문화를 엿볼 수 있습니다.

5과

我今年十九岁。

Wǒ jīnnián shíjiǔ suì.

저는 올해 열아홉 살이에요.

학습 내용	발음 ⑤	나이 묻고 답하기

핵심 어법	숫자 표현 ②	나이 표현	띠 표현

문화	MBTI

발음 ❺

복운모 4 复韵母 fùyùnmǔ (05-01)

● -ü로 시작하는 운모입니다.

üan	xuǎn 选	quǎn 犬
üe	nüè 虐	xuè 血
ün	jūn 军	xūn 熏

(1) ü가 단독으로 음절을 구성하거나 앞에 성모가 없는 경우 yu로 바꿔 표기합니다.

ü → yu　　üan → yuan　　üe → yue　　ün → yun

(2) ü로 시작하는 운모는 성모 j, q, x와 결합할 때 u로 바꿔 표기합니다.

j + ün → jun　　q + üan → quan　　x + üe → xue

권설운모 卷舌韵母 juǎnshé yùnmǔ (05-02)

● 혀끝을 입천장 안쪽으로 말아 올리면서 발음합니다.

ér 儿　　　ěr 耳

儿화 현상
er이 다른 음절 뒤에 붙어 하나의 음절로 구성되어 발음하는 현상입니다. 이럴 경우 음절 뒤에 '-r'를 붙여 표기합니다. 儿화는 주로 베이징을 중심으로 한 중국 북방 지역 사람들의 발음 습관이며, 아래와 같은 기능을 합니다.

(1) 소리의 변화

wán 玩 통놀다 → wánr 玩儿 통놀다

(2) 소리와 뜻의 변화

nǎ 哪 대어느 → nǎr 哪儿 대어디

(3) 소리, 뜻 그리고 품사의 변화

huà 画 통그리다 → huàr 画儿 명그림

발음 연습

1 녹음을 듣고 한어병음에 성조를 표기해 보세요. 🎧 05-03

(1) juan   (2) juan   (3) que

(4) que   (5) xun   (6) xun

(7) quan   (8) quan   (9) er

(10) er   (11) lüe   (12) lüe

2 녹음을 듣고 알맞은 한어병음에 ○를 표기해 보세요. 🎧 05-04

(1) xuàn   xuè   (2) jūn   juān   (3) yuè   yuàn

(4) yǔn   yǎn   (5) nǎ   nǎr   (6) xūn   sūn

(7) zūn   jūn   (8) qún   cún

3 녹음을 듣고 한어병음을 써 보세요. 🎧 05-05

(1) x   (2) x   (3) j

(4) l   (5) y   (6) y

张 伟 Zhāng Wěi	你多大？ Nǐ duōdà?

金智慧 Jīn Zhìhuì	我今年十九岁。 Wǒ jīnnián shíjiǔ suì.

张 伟 Zhāng Wěi	你属什么？ Nǐ shǔ shénme?

金智慧 Jīn Zhìhuì	我属龙。 Wǒ shǔ lóng.

□ **多大** duōdà (나이가) 얼마인가

□ **岁** suì 양 세, 살(나이를 세는 단위)

□ **今年** jīnnián 명 올해

□ **属** shǔ 동 ~띠이다

□ **十九** shíjiǔ 수 19, 열아홉

□ **龙** lóng 명 용

✏️ 써 보고 익히기

多	多		九	九	
大	大		岁	岁	
今	今		属	属	
年	年		龙	龙	

1 숫자 표현 ②

단위	복수		
十 shí	十 shí 10	二十 èrshí 20	九万五千七百八十六 jiǔwàn wǔqiān qībǎi bāshíliù 95,786
百 bǎi	一百 yìbǎi 100	三百 sānbǎi 300	
千 qiān	一千 yìqiān 1,000	四千 sìqiān 4,000	
万 wàn	一万 yíwàn 10,000	五万 wǔwàn 50,000	

2 나이 표현

나이를 물을 때 상대의 연령대에 따라 다르게 질문합니다.

(1) 나이가 열 살 미만으로 어려 보일 경우

A 你几岁?
Nǐ jǐ suì?
너 몇 살이야?

B 我六岁。
Wǒ liù suì.
나는 여섯 살이야.

(2) 나이가 열 살 이상이거나 자신과 비슷한 또래로 보일 경우

A 你多大?
Nǐ duōdà?
당신은 나이가 어떻게 돼요?

B 我十九(岁)。
Wǒ shíjiǔ (suì).
저는 열아홉 살이에요.

(3) 연세가 많은 어르신일 경우

A 您多大年纪?
Nín duōdà niánjì?
당신은 연세가 어떻게 되세요?

B 我八十一(岁)。
Wǒ bāshíyī (suì).
나는 여든한 살이에요.

> 꿀팁
>
> 이 세 가지 질문에 대한 답은 모두 동일한 형식이며, 열 살 이상이면 대답할 때 岁를 생략해서 말하기도 합니다.

3 띠 표현

중국인들은 나이를 이야기할 때 띠로 대신하거나 나이와 띠를 함께 언급하는 경우가 많습니다.

A 你属什么?
Nǐ shǔ shénme?
당신은 무슨 띠예요?

B 我属龙。
Wǒ shǔ lóng.
저는 용띠예요.

鼠 shǔ	牛 niú	虎 hǔ	兔 tù	龙 lóng	蛇 shé
쥐	소	호랑이	토끼	용	뱀
马 mǎ	羊 yáng	猴 hóu	鸡 jī	狗 gǒu	猪 zhū
말	양	원숭이	닭	개	돼지

어휘 年纪 niánjì 명 연세

✏️ 핵심 정리 해 보기

1 주어진 사진 중에서 녹음 스크립트와 일치하는 것을 선택하세요.

예시 你好。Nǐ hǎo.

(A)   B   C

(1) A   B   C

(2) A   B   C

(3) A   B   C

2 밑줄 친 부분을 제시어로 바꿔 대화를 완성하세요. 🎧05-09

(1) A: **你多大?**
　　Nǐ duōdà?

B: **我今年十九(岁)。**
　　Wǒ jīnnián shíjiǔ (suì).

你	多大	二十(岁)
Nǐ	duōdà	èrshí (suì)

你	几岁	六岁
Nǐ	jǐ suì	liù suì

您	多大年纪	八十一(岁)
Nín	duōdà niánjì	bāshíyī (suì)

(2) A: **你属什么?**
　　Nǐ shǔ shénme?

B: **我属龙。**
　　Wǒ shǔ lóng.

狗
gǒu

鸡
jī

羊
yáng

3 다음 사진을 보고 연상되는 중국어를 말해 보세요.

(1)

(2)

(3)

(4)

4 제시된 질문에 알맞은 답을 골라 네모 칸 안에 알파벳을 적어 보세요.

예시 Nǐ hǎo.
你好。

B

Ⓐ Wǒ shíjiǔ (suì).
我十九(岁)。

(1) Nǐ duōdà?
你多大?

Ⓑ Nǐ hǎo.
你好。

(2) Nǐ shǔ shénme?
你属什么?

Ⓒ Wǒ bāshíyī (suì).
我八十一(岁)。

(3) Nín duōdà niánjì?
您多大年纪?

Ⓓ Wǒ shǔ hǔ.
我属虎。

MBTI

우리나라와 중국 젊은이들은 처음 만나서 각각 무엇을 물어볼까요?

최근에는 이름, 나이 이외에 MBTI를 묻습니다. 반면에 중국 젊은이들은 별자리를 자주 묻습니다. 별자리를 통해서 그 사람의 기질을 판단하고자 하는 것인데, 최근 한국에 유학 온 중국 친구들도 MBTI에 흠뻑 빠진 것을 볼 수 있습니다. 별자리는 태생적으로 갖고 태어난 기질이라면 MBTI는 성장하면서 갖게 된 성격적 특징이라고 할 수 있습니다. 이러한 현상으로 중국인들이 주역(周易)을 통해서 사주팔자 등의 운명을 믿는다면, 우리는 지금의 자신을 좀 더 가까이하는 성향이 있는 것은 아닐까 생각해 봅니다.

복습 I

🐰 **발음 연습**

今天 jīntiān	中国 Zhōngguó	三点 sān diǎn	音乐 yīnyuè	妈妈 māma
明天 míngtiān	韩国 Hánguó	您好 nín hǎo	学校 xuéxiào	朋友 péngyou
老师 lǎoshī	美国 Měiguó	首尔 Shǒu'ěr	几岁 jǐ suì	你们 nǐmen
大一 dà yī	大学 dàxué	电影 diànyǐng	现在 xiànzài	谢谢 xièxie

😊 **1과~5과 상황별 중국어 표현 정리**

(1) 만날 때 인사

你好。Nǐ hǎo.

您好。Nín hǎo.

你们好。Nǐmen hǎo.

老师好。Lǎoshī hǎo.

(2) 헤어질 때 인사

再见。Zài jiàn.

明天见 。Míngtiān jiàn.

下周见。Xiàzhōu jiàn.

晚上见。Wǎnshang jiàn.

(3) 이름 묻고 답하기

你叫什么名字?
Nǐ jiào shénme míngzi?

我叫张伟。
Wǒ jiào Zhāng Wěi.

(4) 국적 묻고 답하기

你是哪国人?
Nǐ shì nǎ guó rén?

我是韩国人。
Wǒ shì Hánguórén.

(5) 신분 묻고 답하기

你是韩国留学生吗?
Nǐ shì Hánguó liúxuéshēng ma?

我是韩国大学的学生。
Wǒ shì Hánguó dàxué de xuésheng.

(6) 학년 묻고 답하기

你大几?
Nǐ dà jǐ?

我大一。
Wǒ dà yī.

(7) 나이 묻고 답하기

你多大?
Nǐ duō dà?

我今年十九岁。
Wǒ jīnnián shíjiǔ suì.

(8) 띠 묻고 답하기

你属什么?
Nǐ shǔ shénme?

我属龙。
Wǒ shǔ lóng.

😊 1과~5과 **핵심 포인트 정리**

(1) 동사가 술어 역할을 하는 동사술어문

我叫金智慧。
Wǒ jiào Jīn Zhìhuì.

我吃米饭。
Wǒ chī mǐfàn.

(2) 무언가를 묻는 什么 shénme

你叫什么名字?
Nǐ jiào shénme míngzi?

你们喝什么?
Nǐmen hē shénme?

(3) 반복되는 질문을 생략하는 呢 ne

我叫张伟。你呢?
Wǒ jiào Zhāng Wěi. Nǐ ne?

我们喝茶,你呢?
Wǒmen hē chá, nǐ ne?

(4) 是 shì 자문

我是韩国人。
Wǒ shì Hánguórén.

他不是中国人。
Tā bú shì Zhōngguórén.

(5) '어느' 것인지를 묻는 哪 nǎ

你是哪国人?
Nǐ shì nǎ guó rén?

你看哪本书?
Nǐ kàn nǎ běn shū?

(6) 사실 여부는 묻는 吗 ma

你是韩国人吗?
Nǐ shì Hánguórén ma?

他是你朋友吗?
Tā shì nǐ péngyou ma?

(7) 숫자 표현 ①

零 líng	一 yī/yāo	二 èr
三 sān	四 sì	五 wǔ
六 liù	七 qī	八 bā
九 jiǔ	十 shí	

(8) 숫자 표현 ②

百 bǎi   千 qiān   万 wàn

(9) 숫자 혹은 수량을 묻는 几 jǐ

你大几?
Nǐ dà jǐ?

你吃几个?
Nǐ chī jǐ ge?

(10) 소유·수식 관계를 나타내는 的 de

我是韩国大学的学生。
Wǒ shì Hánguó dàxué de xuésheng.

这是我的书。
Zhè shì wǒ de shū.

6과

我学经营学。

Wǒ xué jīngyíngxué.

저는 경영학을 공부해요.

학습 내용	전공 묻고 답하기
핵심 어법	시간을 묻는 什么时候 shénme shíhou	날짜 표현	명사술어문
문화	중국 대학생들은 소개팅을 하나요?

张 伟 | 你学什么专业?
Zhāng Wěi | Nǐ xué shénme zhuānyè?

金智慧 | 我学经营学。
Jīn Zhìhuì | Wǒ xué jīngyíngxué.

张 伟 | 你什么时候毕业?
Zhāng Wěi | Nǐ shénme shíhou bìyè?

金智慧 | 我明年二月毕业。
Jīn Zhìhuì | Wǒ míngnián èr yuè bìyè.

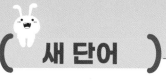

새 단어

□ **学** xué 통 공부하다, 배우다

□ **专业** zhuānyè 명 전공

□ **经营学** jīngyíngxué 경영학

□ **什么时候** shénme shíhou 언제

□ **毕业** bìyè 통 졸업하다

□ **明年** míngnián 명 내년

□ **二月** èr yuè 명 2월

써 보고 익히기

专	专		时	时	
业	业		候	候	
经	经		毕	毕	
营	营		业	业	

1 시간을 묻는 什么时候 shénme shíhou

什么时候 shénme shíhou는 '언제'라는 뜻으로 시간, 날짜, 요일 등에 대해 물을 때 사용합니다.

A **你什么时候毕业?**
Nǐ shénme shíhou bìyè?
당신은 언제 졸업해요?

B **我明年二月毕业。**
Wǒ míngnián èr yuè bìyè.
저는 내년 2월에 졸업해요.

A **你什么时候回家?**
Nǐ shénme shíhou huíjiā?
당신은 언제 집에 들어가요?

B **我九点回家。**
Wǒ jiǔ diǎn huíjiā.
저는 9시에 집에 들어가요.

2 날짜 표현

年 nián '년', 月 yuè '월', 号 hào / 日 rì '일'을 사용하여 날짜를 표현합니다.

年 년	二零二四年 èr líng èr sì nián 2024년					
月 월	一月 yī yuè 1월	二月 èr yuè 2월	三月 sān yuè 3월	四月 sì yuè 4월	五月 wǔ yuè 5월	六月 liù yuè 6월
	七月 qī yuè 7월	八月 bā yuè 8월	九月 jiǔ yuè 9월	十月 shí yuè 10월	十一月 shíyī yuè 11월	十二月 shí'èr yuè 12월
号 / 日 일	一号 / yī hào / 一日 yī rì 1일	五号 / wǔ hào / 五日 wǔ rì 5일	十号 / shí hào / 十日 shí rì 10일	十五号 / shíwǔ hào / 十五日 shíwǔ rì 15일	二十九号 / èrshíjiǔ hào / 二十九日 èrshíjiǔ rì 29일	三十一号 / sānshíyī hào / 三十一日 sānshíyī rì 31일

> 꿀팁
> 号 hào는 주로 구어체에 쓰이며
> 日 rì는 주로 글말에 쓰입니다.

3 명사술어문

명사가 술어 역할을 하는 문장을 '명사술어문'이라고 합니다. 명사술어문은 나이, 학년, 날짜, 시간, 요일, 가격 등을 표현할 때 많이 쓰입니다.

A 今天几号?
Jīntiān jǐ hào?
오늘 며칠이에요?

B 今天五号。
Jīntiān wǔ hào.
오늘은 5일이에요.

A 你的生日是几月几号?
Nǐ de shēngrì shì jǐ yuè jǐ hào?
당신의 생일은 몇 월 며칠이이에요?

B 我的生日是十二月二十五号。
Wǒ de shēngrì shì shí'èr yuè èrshíwǔ hào.
제 생일은 12월 25일이에요.

> 꿀팁
> 특정 일자 앞에는 是 shì를 쓰며, 명사 술어문의 부정은 不是 búshì입니다.

어휘 回家 huíjiā 통 집으로 돌아가다 | 年 nián 명 년 | 月 yuè 명 월 | 号 hào 명 일 |
日 rì 명 일 | 今天 jīntiān 명 오늘 | 生日 shēngrì 명 생일

✏️ 핵심 정리 해 보기

1 주어진 사진 중에서 녹음 스크립트와 일치하는 것을 선택하세요. 06-03

예시 　你好。Nǐ hǎo.

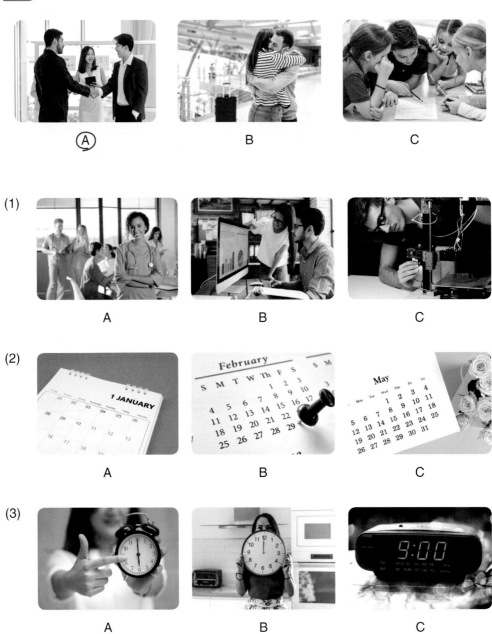

Ⓐ　　　　　　　　B　　　　　　　　C

(1)

A　　　　　　　　B　　　　　　　　C

(2)

A　　　　　　　　B　　　　　　　　C

(3)

A　　　　　　　　B　　　　　　　　C

2 밑줄 친 부분을 제시어로 바꿔 대화를 완성하세요. 06-04

(1) A: 你学什么专业?
   Nǐ xué shénme zhuānyè?

B: 我学经营学。
   Wǒ xué jīngyíngxué.

护理学
hùlǐxué

行政学
xíngzhèngxué

电子工学
diànzǐ gōngxué

(2) A: 你什么时候毕业?
   Nǐ shénme shíhou bìyè?

B: 我明年二月毕业。
   Wǒ míngnián èr yuè bìyè.

回家	九点	回家
huíjiā	jiǔ diǎn	huíjiā
见朋友	明天	见朋友
jiàn péngyou	míngtiān	jiàn péngyou
去中国	下周	去中国
qù Zhōngguó	xiàzhōu	qù Zhōngguó

어휘   护理学 hùlǐxué 간호학 | 行政学 xíngzhèngxué 행정학 | 电子工学 diànzǐ gōngxué
전자공학 | 去 qù 통 가다

3 다음 사진을 보고 연상되는 중국어를 말해 보세요. 🎧 06-05

(1)

(2)

(3)

(4)

4 제시된 질문에 알맞은 답을 골라 네모 칸 안에 알파벳을 적어 보세요.

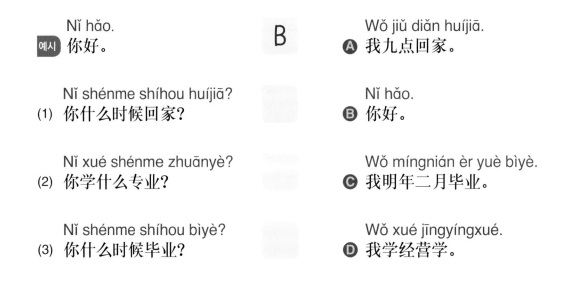

예시 Nǐ hǎo.
你好。

B

Ⓐ Wǒ jiǔ diǎn huíjiā.
我九点回家。

(1) Nǐ shénme shíhou huíjiā?
你什么时候回家?

Ⓑ Nǐ hǎo.
你好。

(2) Nǐ xué shénme zhuānyè?
你学什么专业?

Ⓒ Wǒ míngnián èr yuè bìyè.
我明年二月毕业。

(3) Nǐ shénme shíhou bìyè?
你什么时候毕业?

Ⓓ Wǒ xué jīngyíngxué.
我学经营学。

중국 대학생들은
소개팅을 하나요?

중국 대학생들도 소개팅을 할지 궁금하지 않나요?

중국 학생들도 친구들의 소개로 연애하기도 합니다. 아주 오래 전에는 '자(연스러운) 만(남) 추(구)'을 원하여 소개팅을 찾아보기 어려웠습니다. 금요일이면 학교 식당의 탁자와 의자를 밀고 사이키 조명을 설치하여 무도장으로 변신시켜 술도 없이 춤을 추면서 연애 친구를 찾기도 했습니다.

하지만 요즘에는 위챗 등 SNS가 잘 발달되어서 자연스럽게 온라인을 통해 이성 친구를 사귀고 있습니다. 그런데, 재미난 것은 베이징이나 상하이 같은 대도시의 큰 광장에서 부모님들이 자녀의 나이, 직장, 자가 유무, 재산, 부모 정보, 키, 몸무게, 별자리 등을 적은 종이를 들고 다니며, 자녀의 배우자 후보를 찾아다니는 것을 볼 수 있었습니다. 이러한 현상은 대도시에서 바쁘게 일하는 자녀의 혼기를 놓칠까 두려워 부모님들이 적극적으로 공개 구혼에 나선 것입니다.

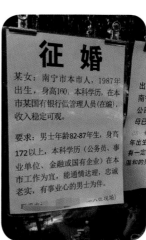

7과

我会做饭。

Wǒ huì zuò fàn.

저는 요리를 할 수 있어요.

학습 내용	능력 묻고 답하기
핵심 어법	조동사 会 huì | 부사 都 dōu | 형용사술어문
문화	중국인이 관심 있어 하는 직업

| 金智慧 | 你会做饭吗？ |
| Jīn Zhìhuì | Nǐ huì zuò fàn ma? |

| 张 伟 | 我会做饭。 |
| Zhāng Wěi | Wǒ huì zuò fàn. |

| 金智慧 | 你会做什么？ |
| Jīn Zhìhuì | Nǐ huì zuò shénme? |

| 张 伟 | 我会做炒饭、炒鸡蛋。都很好吃。 |
| Zhāng Wěi | Wǒ huì zuò chǎofàn、chǎojīdàn. Dōu hěn hǎochī. |

새 단어

□ **会** huì [조동] ~할 수 있다

□ **做** zuò [동] 하다, 만들다

□ **饭** fàn [명] 밥

□ **炒饭** chǎofàn [명] 볶음밥

□ **炒鸡蛋** chǎojīdàn [명] 토마토 달걀 볶음

□ **都** dōu [부] 모두

□ **很** hěn [부] 매우, 아주

□ **好吃** hǎochī [형] 맛있다

✏️ 써 보고 익히기

会	会		鸡	鸡	
做	做		蛋	蛋	
炒	炒		都	都	
饭	饭		很	很	

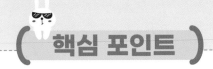

1 조동사 会 huì

会 huì는 주로 동사 앞에 쓰여 습득을 통해 '~할 줄 알다', '~할 수 있다'라는 뜻을 나타냅니다. 부정은 会 huì 앞에 부정부사 不 bù를 붙입니다.

긍정형	부정형
我会做炒饭。 Wǒ huì zuò chǎofàn. 저는 볶음밥을 만들 수 있어요.	我不会做炒饭。 Wǒ bú huì zuò chǎofàn. 저는 볶음밥을 만들지 못해요.
我会说汉语。 Wǒ huì shuō Hànyǔ. 저는 중국어를 말할 줄 알아요.	我不会说汉语。 Wǒ bú huì shuō Hànyǔ. 저는 중국어를 말할 줄 몰라요.

2 부사 都 dōu

都 dōu는 '모두', '다'라는 뜻으로 술어 앞에 쓰여 예외가 없음을 나타내며, 주어가 복수인 경우 사용합니다.

- 都很好吃。 다 맛있어요.
  Dōu hěn hǎochī.

- 我们都是韩国人。 우리는 모두 한국 사람이에요.
  Wǒmen dōu shì Hánguórén.

어휘 说 shuō 통 말하다 | 汉语 Hànyǔ 명 중국어

3 형용사술어문

형용사가 술어 역할을 하는 문장을 '형용사술어문'이라고 합니다. 중국어에는 형용사 앞에 습관적으로 '매우'를 뜻하는 很 hěn을 붙이는 경우가 많습니다.

- **老师很高兴。** 선생님은 기뻐요.
  Lǎoshī hěn gāoxìng.

- **她很漂亮。** 그녀는 예뻐요.
  Tā hěn piàoliang.

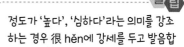

정도가 '높다', '심하다'라는 의미를 강조하는 경우 很 hěn에 강세를 두고 발음합니다.

어휘 高兴 gāoxìng 📦 기쁘다, 즐겁다 | 漂亮 piàoliang 📦 예쁘다

✏️ 핵심 정리 해 보기

연습문제

1 주어진 사진 중에서 녹음 스크립트와 일치하는 것을 선택하세요. 07-03

예시 你好。Nǐ hǎo.

Ⓐ

B

C

(1)

A

B

C

(2)

A

B

C

(3)

A

B

C

2 밑줄 친 부분을 제시어로 바꿔 대화를 완성하세요. 07-04

(1) A: 你会做饭吗?
   Nǐ huì zuò fàn ma?

B: 我(不)会做饭。
   Wǒ (bú) huì zuò fàn.

说汉语
shuō Hànyǔ

说汉语
shuō Hànyǔ

说英语
shuō Yīngyǔ

说英语
shuō Yīngyǔ

说日语
shuō Rìyǔ

说日语
shuō Rìyǔ

(2) 炒饭很好吃。
   Chǎofàn hěn hǎochī.

老师   高兴
Lǎoshī   gāoxìng

她   漂亮
Tā   piàoliang

他   忙
Tā   máng

어휘 英语 Yīngyǔ 명영어 | 日语 Rìyǔ 명일본어 | 忙 máng 형바쁘다

3 다음 사진을 보고 연상되는 중국어를 말해 보세요. 🎧07-05

(1)

(2)

(3)

(4)

4 제시된 질문에 알맞은 답을 골라 네모 칸 안에 알파벳을 적어 보세요.

예시
Nǐ hǎo.
你好。

B

Ⓐ Hěn piàngliang.
　很漂亮。

(1)
Nǐ huì zuò fàn ma?
你会做饭吗?

Ⓑ Nǐ hǎo.
　你好。

(2)
Tā piàngliang ma?
她漂亮吗?

Ⓒ Hěn gāoxìng.
　很高兴。

(3)
Lǎoshī gāoxìng ma?
老师高兴吗?

Ⓓ Wǒ huì.
　我会。

중국인이 관심 있어 하는 직업

중국의 젊은이들은 취업 걱정이 없나요?라는 질문을 가끔 받습니다.

중국의 대학생들도 대학 졸업 후 취업에 대한 고민이 굉장히 많습니다. 적당한 곳 혹은 자신이 원하는 직장에 취업하기 위해서는 다양한 경험과 경력이 있어야 하기 때문입니다. 이점은 우리나라 대학생들과 일맥상통하고 전 세계 젊은이들의 고민일 겁니다.

요즘 젊은이들이 좋아하는 직장은 보수는 좋은데 덜 힘든 곳이라고 생각할 수 있겠지만, 전문직을 원하는 구직자가 많습니다. 최근에 중국도 청년 실업 문제가 심각해지면서 매년 공무원 시험 경쟁률이 몇 만대 1로 계속 올라가고 있습니다. 공무원이 아닌 일반 기업의 산업 분야로는 우리와 마찬가지로 1위 과학기술, 2위 매체와 광고 혹은 이와 관련된 창업을 선호합니다. 3위로는 건강 관련 직종입니다. 최근 트레이너나 영양사 등 중국의 건강 관련 산업이 매우 인기를 얻고 있기 때문입니다. 이 밖에도 게임이나 콘텐츠 관련 직종도 매우 선호하는 직업 중 하나입니다.

8과

我喜欢看电影。

Wǒ xǐhuan kàn diànyǐng.

저는 영화 보는 것을 좋아해요.

학습 내용 취미 묻고 답하기

핵심 어법 요일 표현 | 접속사 和 hé | 조사 了 le

문화 중국인의 취미

张 伟 Zhāng Wěi	你喜欢做什么? Nǐ xǐhuan zuò shénme?
金智慧 Jīn Zhìhuì	我喜欢看电影。 Wǒ xǐhuan kàn diànyǐng.
张 伟 Zhāng Wěi	星期六你做什么了? Xīngqīliù nǐ zuò shénme le?
金智慧 Jīn Zhìhuì	我和朋友看电影了。 Wǒ hé péngyou kàn diànyǐng le.

새 단어

- 喜欢 xǐhuan 동 좋아하다
- 电影 diànyǐng 명 영화
- 星期六 xīngqīliù 명 토요일

- 了 le 조 동작 혹은 행위의 완료를 나타냄
- 和 hé 접 ~와/~과

✏️ 써 보고 익히기

喜	喜	星	星
欢	欢	期	期
电	电	六	六
影	影	和	和

핵심 포인트

1 요일 표현

무슨 요일인지를 말하려면 '요일'을 의미하는 星期 xīngqī 뒤에 숫자 1~6을 붙여 표현합니다. 이 때 '일요일'은 숫자 7이 아닌 天과 日를 사용합니다. 요일을 물을 때에는 숫자를 묻는 의문대사 几 jǐ '몇'을 사용합니다.

星期几? Xīngqī jǐ 무슨 요일이에요?						
星期一 xīngqīyī 월요일	星期二 xīngqī'èr 화요일	星期三 xīngqīsān 수요일	星期四 xīngqīsì 목요일	星期五 xīngqīwǔ 금요일	星期六 xīngqīliù 토요일	星期天 / xīngqītiān / 星期日 xīngqīrì 일요일

(1) 일요일에 대한 중국어 표현은 星期天과 星期日가 있으며, 구어체일 경우 星期天, 글말일 경우 星期日를 자주 사용합니다.

(2) 시간 명사는 주어 앞뒤 모두 올 수 있습니다.
- 我明年三月毕业。
  Wǒ míngnián sān yuè bìyè.
- 星期六我看电影了。
  Xīngqīliù wǒ kàn diànyǐng le.

2 접속사 和 hé

和 hé는 'A和B'의 형식으로 쓰이며 'A와 B'라는 뜻을 나타냅니다.

- 爸爸和妈妈都很忙。 아빠와 엄마는 다 바쁘세요.
  Bàba hé māma dōu hěn máng.

- 我和妈妈买东西了。 저는 엄마와 쇼핑을 했어요.
  Wǒ hé māma mǎi dōngxi le.

3 **조사 了** le

了 le는 동작 혹은 행위의 완료를 나타냅니다.

- **星期六我看电影了。** 토요일에 저는 영화를 봤어요.
  Xīngqīliù wǒ kàn diànyǐng le.

- **去年我去中国了。** 작년에 저는 중국에 갔어요.
  Qùnián wǒ qù Zhōngguó le.

어휘	爸爸 bàba 명 아빠, 아버지	妈妈 māma 명 엄마, 어머니	买 mǎi 동 사다

东西 dōngxi 명 물건

✏ 핵심 정리 해 보기

연습문제

1 주어진 사진 중에서 녹음 스크립트와 일치하는 것을 선택하세요.   08-03

> 예시 **你好。** Nǐ hǎo.

Ⓐ

B

C

(1)

A

B

C

(2)

A

B

C

(3)

A

B

C

2 밑줄 친 부분을 제시어로 바꿔 대화를 완성하세요. 🎧 08-04

(1) A: 星期六你做什么了?
Xīngqīliù nǐ zuò shénme le?

B: 我和朋友看电影了。
Wǒ hé péngyou kàn diànyǐng le.

星期天
Xīngqītiān

买东西
mǎi dōngxi

星期二
Xīngqī'èr

去中国
qù Zhōngguó

星期五
Xīngqīwǔ

喝咖啡
hē kāfēi

(2) A: 你喜欢看什么?
Nǐ xǐhuan kàn shénme?

B: 我喜欢看电影。
Wǒ xǐhuan kàn diànyǐng.

吃什么
chī shénme

吃炒饭
chī chǎofàn

喝什么
hē shénme

喝茶
hē chá

做什么
zuò shénme

看书
kàn shū

어휘   咖啡 kāfēi 몡 커피

3 다음 사진을 보고 연상되는 중국어를 말해 보세요. 🎧 08-05

(1)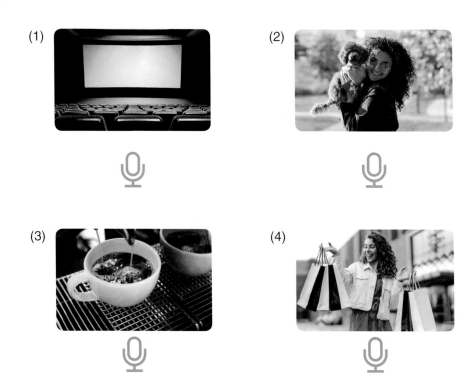

(2)

(3)

(4)

4 제시된 질문에 알맞은 답을 골라 네모 칸 안에 알파벳을 적어 보세요.

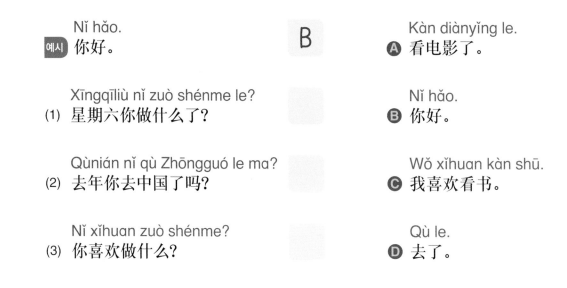

예시
Nǐ hǎo.
你好。

B

Ⓐ Kàn diànyǐng le.
看电影了。

(1)
Xīngqīliù nǐ zuò shénme le?
星期六你做什么了?

Ⓑ Nǐ hǎo.
你好。

(2)
Qùnián nǐ qù Zhōngguó le ma?
去年你去中国了吗?

Ⓒ Wǒ xǐhuan kàn shū.
我喜欢看书。

(3)
Nǐ xǐhuan zuò shénme?
你喜欢做什么?

Ⓓ Qù le.
去了。

중국인의 취미

중국 젊은이들에게 취미가 무엇이냐고 물어보면 가장 많은 대답이 무엇일까요?

바로 '독서'입니다. 대부분의 중국인들에게는 독서를 하는 습관이 있습니다. 여러분들은 '에이~'하고 믿지 않으려고 할 수도 있습니다. 그런데 중국에서 지내면 중국인들이 휴대폰으로 e-Book을 매우 열심히 읽는 모습을 자주 볼 수 있습니다.

이러한 모습은 휴대폰이 생기면서부터 보였습니다. 중국인들은 특히 웹 소설을 보는 것을 좋아합니다. 지하철, 버스 안에서 서 있거나 앉아 있거나 많은 사람들이 웹 소설 읽는 것을 좋아합니다.

물론, 지금의 많은 젊은이들은 게임에 시간을 할애하고 있습니다. 그래서 중국의 게임 산업이 더욱 발전하는 것일 수도 있고요. 또, 반려동물을 기르고 그들과 행복한 시간을 보내는 일상도 좋은 취미 생활 중 하나로 보입니다. 그리고 최근 나온 기사 중에 중국의 MZ 직장인들이 '녹색 바나나'를 키워서 '노란색 바나나'로 익으면 먹는 취미가 생겼다는 기사가 나온 것을 보아 다양한 취미와 즐거움을 찾아가고 있는 것 같습니다.

9과

我明天能去。

Wǒ míngtiān néng qù.

저는 내일 갈 수 있어요.

학습내용	능력 또는 가능성을 묻고 답하기
핵심어법	조동사 能 néng｜부정부사 不 bù｜有 yǒu 자문
문화	중국인의 아침 식사

09-01

金智慧   你今天能来学校吗?
Jīn Zhìhuì   Nǐ jīntiān néng lái xuéxiào ma?

张 伟   不能，我有事。
Zhāng Wěi   Bù néng,   wǒ yǒu shì.

金智慧   明天呢?
Jīn Zhìhuì   Míngtiān ne?

张 伟   明天能去。
Zhāng Wěi   Míngtiān néng qù.

09-02

☐ **今天** jīntiān 몡 오늘

☐ **能** néng 조동 ~할 수 있다

☐ **来** lái 동 오다

☐ **学校** xuéxiào 몡 학교

☐ **有** yǒu 동 있다

☐ **事** shì 몡 일, 사건

✏️ 써 보고 익히기

能	能		校	校
来	来		有	有
学	学		事	事

1 **조동사 能** néng

能 néng은 '~할 수 있다'라는 뜻으로 주로 동사 앞에 쓰여 능력 또는 가능성을 나타냅니다. 부정은 能 앞에 부정부사 不 bù를 붙이면 됩니다.

긍정형	부정형
我能打电话。 Wǒ néng dǎ diànhuà. 저는 전화할 수 있어요.	我不能打电话。 Wǒ bù néng dǎ diànhuà. 저는 전화할 수 없어요.
我晚上能喝咖啡。 Wǒ wǎnshang néng hē kāfēi. 저는 밤에 커피를 마실 수 있어요.	我晚上不能喝咖啡。 Wǒ wǎnshang bù néng hē kāfēi. 저는 밤에 커피를 마실 수 없어요.

2 **부정부사 不** bù

不 bù는 '아니다', '아니하다'라는 뜻으로 주로 술어 앞에 쓰여 상황에 대한 부정을 나타냅니다.

긍정형	부정형
我喝酒。 Wǒ hē jiǔ. 저는 술을 마셔요.	我不喝酒。 Wǒ bù hē jiǔ. 저는 술을 안 마셔요.
我妈妈工作。 Wǒ māma gōngzuò. 우리 엄마는 일을 하세요.	我妈妈不工作。 Wǒ māma bù gōngzuò. 우리 엄마는 일을 안 하세요.

어휘 　打电话 dǎ diànhuà 동 전화를 하다 　|　 酒 jiǔ 명 술 　|　 工作 gōngzuò 명 동 일(하다)

110

3 有 yǒu **자문**

有 yǒu는 '있다'라는 뜻으로 소유 혹은 존재를 나타낼 때 쓰입니다. 부정은 没有 méiyǒu '없다'입니다.

긍정형	부정형
我有时间。 Wǒ yǒu shíjiān. 저는 시간이 있어요.	我没有时间。 Wǒ méiyǒu shíjiān. 저는 시간이 없어요.
我有钱。 Wǒ yǒu qián. 저는 돈이 있어요.	我没有钱。 Wǒ méiyǒu qián. 저는 돈이 없어요.

| 어휘 | 时间 shíjiān 명 시간 | 钱 qián 명 돈 |

✏️ **핵심 정리 해 보기**

1 주어진 사진 중에서 녹음 스크립트와 일치하는 것을 선택하세요. 09-03

예시 你好。Nǐ hǎo.

Ⓐ

B

C

(1)

A

B

C

(2)

A

B

C

(3)

A

B

C

2 밑줄 친 부분을 제시어로 바꿔 대화를 완성하세요. 09-04

(1) A: 你能来学校吗?
Nǐ néng lái xuéxiào ma?

B: 能(不能)。
Néng (Bù néng).

喝咖啡
hē kāfēi

打电话
dǎ diànhuà

工作
gōngzuò

(2) A: 你有事吗?
Nǐ yǒu shì ma?

B: 我(没)有。
Wǒ (méi)yǒu.

时间
shíjiān

钱
qián

中国朋友
Zhōngguó péngyou

3 다음 사진을 보고 연상되는 중국어를 말해 보세요. 🎧09-05

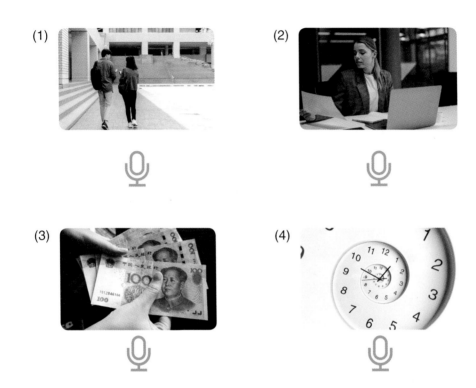

(1)

(2)

(3)

(4)

4 제시된 질문에 알맞은 답을 골라 네모 칸 안에 알파벳을 적어 보세요.

예시 Nǐ hǎo.
你好。

B

Néng.
Ⓐ 能。

(1) Nǐ néng hē jiǔ ma?
你能喝酒吗?

Nǐ hǎo.
Ⓑ 你好。

(2) Míngtiān ne?
明天呢?

Méiyǒu.
Ⓒ 没有。

(3) Nǐ yǒu shíjiān ma?
你有时间吗?

Míngtiān wǒ néng qù.
Ⓓ 明天我能去。

중국인의 아침 식사

중국 사람들은 아침 식사로 무엇을 먹을까요?

오랜 시간 중국에서 유학하면서 생긴 아침 식사 습관이 있습니다. 오전 수업을 듣기 위해 강의실에 가기 전, 기숙사 건너편에 있는 학생 식당에 갑니다. 두유와 만두(빠오즈), 삶은 달걀을 사서 교실까지 걸어가면서 먹습니다. 그 습관이 오래되어 한국에서도 길에서 무엇을 먹는 것을 보시고 어머니께 큰 꾸중을 듣기도 했습니다. 시간을 절약할 수 있는 좋은 습관이라고 생각했는데, 요즘처럼 공기가 좋지 않은 시기에는 권장하긴 어려울 것 같습니다. 중국에서는 조금 일찍 일어나면 죽을 파는 식당에 가서 몇 가지 반찬과 죽을 먹을 수 있습니다. 그 외에 요우티아오와 빠오즈를 먹고 등교하는 학생들도 많습니다.

그러나 요즘 젊은이들은 아침 밥보다는 '잠'을 택하는 경우가 많다고 합니다. 그리고 최근에는 회사에 가는 것이 싫다면서 '잠옷'을 입고 출근하는 사진이 올라오기도 하는데요. 특히 00后(링링호우) 세대들의 재기 발랄한 행동이 요즘 계속 이슈가 되고 있어서 중국 젊은이들의 삶을 엿볼 수 있습니다.

10과

我们加一下微信，怎么样？

Wǒmen jiā yíxià Wēixìn, zěnmeyàng?

우리 위챗 (친구) 추가 (좀) 할까요?

 학습 내용 위챗으로 친구 추가하기

핵심 어법 동량사 一下 yíxià | 의문대사 怎么样 zěnmeyàng | 의문대사 怎么 zěnme

문화 중국 특색(적) 사회주의

10-01

张 伟 Zhāng Wěi	你好！我叫张伟。 Nǐ hǎo! Wǒ jiào Zhāng Wěi.
金智慧 Jīn Zhìhuì	你好！幸会幸会。 Nǐ hǎo! Xìnghuì xìnghuì.
张 伟 Zhāng Wěi	我们加一下微信，怎么样？ Wǒmen jiā yíxià Wēixìn, zěnmeyàng?
金智慧 Jīn Zhìhuì	好啊。怎么加？ Hǎo a. Zěnme jiā?
张 伟 Zhāng Wěi	我扫你。 Wǒ sǎo nǐ.

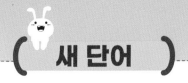

□ 幸会 xìnghuì 만나뵙게 되어 반갑습니다

□ 加 jiā 동 추가하다, 더하다

□ 一下 yíxià 명 한 번, 좀 ~하다

□ 微信 Wēixìn 고유 위챗(Wechat)

□ 怎么样 zěnmeyàng 대 어떠하다

□ 啊 a 조 부드러운 어기를 나타냄

□ 怎么 zěnme 대 어떻게

□ 扫 sǎo 동 스캔하다, 쓸다

✏️ 써 보고 익히기

幸	幸		信	信	
会	会		怎	怎	
加	加		么	么	
微	微		扫	扫	

1 **동량사** 一下 yíxià

一下 yíxià는 동사 뒤에 붙어 동작 혹은 행동을 (횟수로) 한 번 하거나, 가볍게 시도해 본다는 의미를 나타냅니다.

- 我看一下。 제가 한 번 (좀) 봐 볼게요.
  Wǒ kàn yíxià.

- 你说一下。 당신이 좀 말해봐요.
  Nǐ shuō yíxià.

2 **의문대사** 怎么样 zěnmeyàng

怎么样 zěnmeyàng은 '어떻다'라는 뜻으로 상대방의 생각이나 의견을 물을 때 사용합니다.

- 晚上一起喝酒，怎么样? 저녁에 같이 술 마셔요. 어때요?
  Wǎnshang yìqǐ hē jiǔ, zěnmeyàng?

- 星期六我们看电影，怎么样? 토요일에 우리 영화 보는 거 어때요?
  Xīngqīliù wǒmen kàn diànyǐng, zěnmeyàng?

어휘   一起 yìqǐ 뿐 함께, 같이

3 의문대사 怎么 zěnme

怎么 zěnme는 '어떻게'라는 뜻으로 동사 앞에 붙어 수단 혹은 방법에 대해 물을 때 사용합니다.

- **韩国大学怎么走?** 한국대학교는 어떻게 가요?
  Hánguó dàxué zěnme zǒu?

- **炒饭怎么做?** 볶음밥은 어떻게 만들어요?
  Chǎofàn zěnme zuò?

어휘   走 zǒu 통 걷다, 가다

✏️ 핵심 정리 해 보기

1 주어진 사진 중에서 녹음 스크립트와 일치하는 것을 선택하세요. 10-03

예시 你好。 Nǐ hǎo.

Ⓐ   B   C

(1) A   B   C

(2) A   B   C

(3) A   B   C

2 밑줄 친 부분을 제시어로 바꿔 대화를 완성하세요. 🎧10-04

(1) 我们加一下微信，怎么样?
Wǒmen jiā yíxià Wēixìn, zěnmeyàng?

看电影
kàn diànyǐng

一起喝酒
yìqǐ hē jiǔ

吃麻辣烫
chī málàtàng

(2) 微信怎么加朋友?
Wēixìn zěnme jiā péngyou?

韩国大学 走
Hánguó dàxué zǒu

炒饭 做
Chǎofàn zuò

这个 说
Zhè ge shuō

어휘 麻辣烫 málàtàng 명 마라탕

3 다음 사진을 보고 연상되는 중국어를 말해 보세요. 🎧10-05

(1)

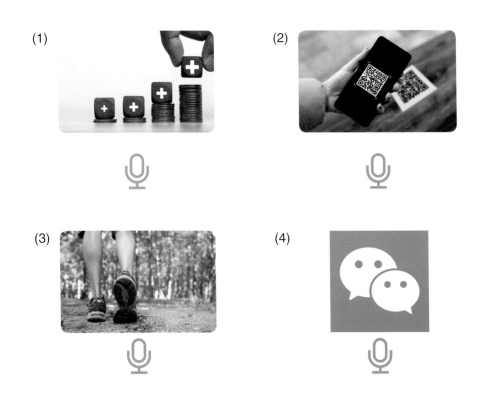

(2)

🎤

🎤

(3)

(4)

🎤

🎤

4 제시된 질문에 알맞은 답을 골라 네모 칸 안에 알파벳을 적어 보세요.

예시 Nǐ hǎo.
你好。

B

Ⓐ Hǎo a!
好啊!

(1) Wǒmen jiā yíxià Wēixìn, zěnmeyàng?
我们加一下微信，怎么样?

Ⓑ Nǐ hǎo.
你好。

(2) Xīngqīliù wǒmen kàn diànyǐng, zěnmeyàng?
星期六我们看电影，怎么样?

Ⓒ Hǎo a. Wǒ sǎo nǐ.
好啊。我扫你。

(3) Chǎofàn zěnme zuò?
炒饭怎么做?

Ⓓ Wǒ bú huì zuò chǎofàn.
我不会做炒饭。

중국 특색(적) 사회주의

한국과 중국의 젊은 세대 간의 상호 혐오 현상이 여론을 통해 드러나고 있습니다. 그중에서 한국의 MZ 세대들은 중국 문화에 대해 이해하기 어려움을 호소하기도 합니다. 한국의 젊은이들이 중국을 이해하기 위해서는 중국에 대한 기본적인 이해가 필요합니다.

우리나라는 민주주의 국가이면서 경제적으로는 자본주의 국가입니다. 그러나 중국은 사회를 중심으로 움직이는 사상적 배경과 공산당 일당 체제를 가진 사회주의 국가입니다. 물론 경제적으로는 1970년대 후반 이후부터 공산주의에서 벗어나 자본주의를 받아들여 경제성장을 이뤄왔습니다. 중국은 오랜 시간 유가적 전통 사상과 함께 20세기 중반부터 사회주의를 바탕으로 자본주의 경제로 자유경쟁의 개념을 접목하여 '중국 특색(적) 사회주의'라는 이상적 사회주의 건설을 표방하고 있습니다.

민주주의 국가의 안목으로 바라본다면 중국을 이해하기 어려운 점이 많이 있습니다. 물론, 중국 특색(적) 사회주의로 중국의 모든 현상을 이해할 수는 없지만, 문화 상대주의적 사고로 우리와 다른 나라들의 문화를 인정하는 성숙한 태도가 필요합니다.

복습 II

😊 6과~10과 **상황별 중국어 표현 정리**

(1) 전공 묻고 답하기

你学什么专业?
Nǐ xué shénme zhuānyè?

我学经营学。
Wǒ xué jīngyíngxué.

(2) 능력 묻고 답하기

你会做饭吗?
Nǐ huì zuò fàn ma?

我会做饭。
Wǒ huì zuò fàn.

(3) 취미 묻고 답하기

你喜欢做什么?
Nǐ xǐhuan zuò shénme?

我喜欢看电影。
Wǒ xǐhuan kàn diànyǐng.

(4) 과거 일정 묻고 답하기

星期六你做什么了?
Xīngqīliù nǐ zuò shénme le?

我和朋友看电影了。
Wǒ hé péngyou kàn diànyǐng le.

(5) 능력 또는 가능성을 묻고 답하기

你今天能来学校吗?
Nǐ jīntiān néng lái xuéxiào ma?

不能。
Bù néng.

(6) 위챗으로 친구 추가하기

我们加一下微信，怎么样?
Wǒmen jiā yíxià Wēixìn, zěnmeyàng?

好啊。
Hǎo a.

126

(1) 요일 표현

星期一
xīngqīyī

星期二
xīngqī'èr

星期三
xīngqīsān

星期四
xīngqīsì

星期五
xīngqīwǔ

星期六
xīngqīliù

星期天 / 星期日
xīngqītiān / xīngqīrì

(2) 날짜 표현

二零二四年三月一日(号)
èr líng èr sì nián sān yuè yī rì(hào)

(3) 시간을 묻는 什么时候 shénme shíhou

你什么时候毕业?
Nǐ shénme shíhou bìyè?

你什么时候回家?
Nǐ shénme shíhou huíjiā?

(4) 능력을 나타내는 会 huì

我(不)会做炒饭。
Wǒ (bú) huì zuò chǎofàn.

我(不)会说汉语。
Wǒ (bú) huì shuō Hànyǔ.

(5) 예외 없음을 나타내는 都 dōu

都很好吃。
Dōu hěn hǎochī.

我们都是韩国人。
Wǒmen dōu shì Hánguórén.

(6) 형용사가 술어 역할을 하는 형용사술어문

老师很高兴。
Lǎoshī hěn gāoxìng.

她很漂亮。
Tā hěn piàoliang.

(7) 접속사 和 hé

我和朋友买东西了。
Wǒ hé péngyou mǎi dōngxi le.

爸爸和妈妈都很忙。
Bàba hé māma dōu hěn máng.

(8) 동작의 완료를 나타내는 了 le

星期六我看电影了。
Xīngqīliù wǒ kàn diànyǐng le.

去年我去中国了。
Qùnián wǒ qù Zhōngguó le.

(9) 능력 또는 가능성을 나타내는 能 néng

我(不)能打电话。
Wǒ (bù) néng dǎ diànhuà.

我晚上(不)能喝咖啡。
Wǒ wǎnshang (bù) néng hē kāfēi.

(10) 상황의 부정을 나타내는 不 bù

我不喝酒。
Wǒ bù hē jiǔ.

我妈妈不工作。
Wǒ māma bù gōngzuò.

(11) 소유 혹은 존재를 나타내는 有 yǒu

我(没)有时间。
Wǒ (méi)yǒu shíjiān.

我(没)有钱。
Wǒ (méi)yǒu qián.

(12) 가벼운 시도를 나타내는 一下 yíxià

我看一下。
Wǒ kàn yíxià.

你说一下。
Nǐ shuō yíxià.

(13) 의견을 묻는 怎么样 zěnmeyàng

晚上一起喝酒，怎么样?
Wǎnshang yìqǐ hē jiǔ, zěnmeyàng?

星期六我们看电影，怎么样?
Xīngqīliù wǒmen kàn diànyǐng,
zěnmeyàng?

(14) 수단이나 방법을 묻는 怎么 zěnme

韩国大学怎么走?
Hánguó dàxué zěnme zǒu?

炒饭怎么做?
Chǎofàn zěnme zuò?

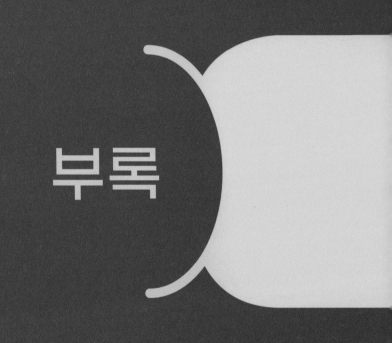

부록

- 해석 및 연습문제 정답/녹음
- 색인

1과

회화 해석

김지혜: 안녕!
장웨이: 안녕!

선생님: 여러분, 안녕하세요.
학　생: 선생님, 안녕하세요.

김지혜: 또 봐!
장웨이: 내일 봐!

발음 연습 정답 및 녹음

1. (1) ó　　　　(2) ò　　　　(3) ǎ
   (4) ā　　　　(5) é　　　　(6) ē
   (7) yǔ　　　(8) yù　　　(9) wú
   (10) wù　　　(11) yǐ　　　(12) yī

2. (1) ǎ　　　　(2) yí　　　　(3) ē
   (4) yú　　　(5) yǔ　　　(6) wǔ
   (7) yù　　　(8) yī

3. (1) ǎ　　　　(2) ē　　　　(3) ò
   (4) ù　　　　(5) ǐ　　　　(6) ù

녹음 내용

1. (1) ó　　　　(2) ò　　　　(3) ǎ
   (4) ā　　　　(5) é　　　　(6) ē
   (7) yǔ　　　(8) yù　　　(9) wú
   (10) wù　　　(11) yǐ　　　(12) yī

2. (1) ǎ　　　　(2) yí　　　　(3) ē
   (4) yú　　　(5) yǔ　　　(6) wǔ
   (7) yù　　　(8) yī

3. (1) ǎ　　　　(2) ē　　　　(3) ò
   (4) yù　　　(5) yǐ　　　(6) wù

연습 문제 정답 및 녹음

1. (1) B　　　　(2) A　　　　(3) C

녹음 내용

(1) 您好。
   Nín hǎo.
(2) 老师好。
   Lǎoshī hǎo.
(3) 再见。
   Zài jiàn.

3. (1) 老师 lǎoshī　　　(2) 学生 xuésheng
   (3) 明天 míngtiān　　　(4) 她们 tāmen

4. (1) D　　　　(2) A　　　　(3) C

2과

회화 해석

김지혜: 너는 이름이 뭐야?
장웨이: 나는 장웨이라고 해. 너는?
김지혜: 나는 김지혜라고 해.

발음 연습 정답 및 녹음

1. (1) dā　　　　(2) dà　　　　(3) pǎo
   (4) páo　　　(5) màn　　　(6) mán
   (7) bēng　　(8) běng　　(9) lóu
   (10) lǒu　　　(11) fǎng　　(12) fáng

2. (1) dǎo　　　(2) léi　　　　(3) tài
   (4) fēn　　　(5) bó　　　　(6) nán
   (7) tǒng　　(8) péi

3. (1) d　　　　(2) m　　　　(3) p
   (4) ān　　　(5) áo　　　(6) ǎng

녹음 내용

1. (1) dā　　　　(2) dà　　　　(3) pǎo
   (4) páo　　　(5) màn　　　(6) mán
   (7) bēng　　(8) běng　　(9) lóu
   (10) lǒu　　　(11) fǎng　　(12) fáng

2. (1) dǎo　　　(2) léi　　　(3) tài
　 (4) fēn　　　(5) bó　　　 (6) nán
　 (7) tǒng　　 (8) péi

3. (1) dǒu　　　(2) mái　　　(3) pēng
　 (4) tān　　　(5) páo　　　(6) lǎng

1. (1) C　　　　(2) A　　　　(3) B

녹음 내용

(1) 我叫金智慧。
　 Wǒ jiào Jīn Zhìhuì.
(2) 我们喝茶。
　 Wǒmen hē chá.
(3) 他吃米饭。
　 Tā chī mǐfàn.

3. (1) 名字 míngzi　　　(2) 吃米饭 chī mǐfàn
　 (3) 喝茶 hē chá　　　 (4) 叫 jiào

4. (1) C　　　　(2) D　　　　(3) A

3과

회화 해석

장웨이: 너는 어느 나라 사람이야?
김지혜: 나는 한국 사람이야.
장웨이: 너의 친구도 한국 사람이야?
김지혜: 아니, 그녀는 중국 사람이야.

발음 연습 정답 및 녹음

1. (1) qiā　　　(2) qià　　　(3) jiě
　 (4) jiē　　　(5) qiǎo　　 (6) qiào
　 (7) xióng　　(8) xiōng　　(9) gǎo
　 (10) gāo　　 (11) kóu　　 (12) kòu

2. (1) xié　　　(2) jiǎo　　　(3) qiān
　 (4) jiǒng　　(5) xiū　　　 (6) kǎn
　 (7) hǒu　　　(8) yà

3. (1) x　　　　(2) k　　　　(3) g
　 (4) iě　　　 (5) iú　　　　(6) iǒng

녹음 내용

1. (1) qiā　　　(2) qià　　　(3) jiě
　 (4) jiē　　　(5) qiǎo　　 (6) qiào
　 (7) xióng　　(8) xiōng　　(9) gǎo
　 (10) gāo　　 (11) kóu　　 (12) kòu

2. (1) xié　　　(2) jiǎo　　　(3) qiān
　 (4) jiǒng　　(5) xiū　　　 (6) kǎn
　 (7) hǒu　　　(8) yà

3. (1) xiǎo　　　(2) kàn　　　(3) gōu
　 (4) xiě　　　 (5) qiú　　　 (6) jiǒng

1. (1) B　　　　(2) A　　　　(3) C

녹음 내용

(1) 我是韩国人。
　 Wǒ shì Hánguórén.
(2) 她是中国人。
　 Tā shì Zhōngguórén.
(3) 你看哪本书?
　 Nǐ kàn nǎ běn shū?

3. (1) 韩国人 Hánguórén
　 (2) 中国人 Zhōngguórén
　 (3) 朋友 péngyou
　 (4) 看书 kàn shū

4. (1) A　　　　(2) D　　　　(3) C

4과

장웨이: 너는 한국 유학생이야?
김지혜: 응. 나는 한국대학교 학생이야.
장웨이: 너는 대학교 몇 학년이야?
김지혜: 나는 대학교 1학년이야.

발음 연습 정답 및 녹음

1. (1) zǎo   (2) zāo   (3) shòu
   (4) shóu   (5) cāng   (6) cáng
   (7) zhuì   (8) zhuī   (9) ruǎn
   (10) ruán   (11) chuāng   (12) chuàng

2. (1) huài   (2) zhuāi   (3) tún
   (4) shuō   (5) zhuì   (6) zǎn
   (7) shǒu   (8) wēi

3. (1) zh   (2) ch   (3) sh
   (4) uó   (5) uì   (6) uài

녹음 내용

1. (1) zǎo   (2) zāo   (3) shòu
   (4) shóu   (5) cāng   (6) cáng
   (7) zhuì   (8) zhuī   (9) ruǎn
   (10) ruán   (11) chuāng   (12) chuàng

2. (1) huài   (2) zhuāi   (3) tún
   (4) shuō   (5) zhuì   (6) zǎn
   (7) shǒu   (8) wēi

3. (1) zhǔ   (2) chāng   (3) shēng
   (4) zuó   (5) ruì   (6) shuài

연습 문제 정답 및 녹음

1. (1) A   (2) A   (3) B

녹음 내용

(1) 我是韩国留学生。
   Wǒ shì Hánguó liúxuéshēng.

---

(2) 这是我的书。
   Zhè shì wǒ de shū.
(3) 我大一。
   Wǒ dà yī.

3. (1) 留学生 liúxuéshēng
   (2) 电话号码 diànhuà hàomǎ
   (3) 三个 sān ge
   (4) 大学 dàxué

4. (1) C   (2) A   (3) D

5과

회화 해석

장웨이: 너는 몇 살이야?
김지혜: 나는 올해 열아홉 살이야.
장웨이: 너는 무슨 띠야?
김지혜: 나는 용 띠야.

발음 연습 정답 및 녹음

1. (1) juān   (2) juǎn   (3) què
   (4) quē   (5) xūn   (6) xùn
   (7) quán   (8) quǎn   (9) èr
   (10) ér   (11) lüè   (12) lüē

2. (1) xuàn   (2) jūn   (3) yuè
   (4) yǎn   (5) nǎr   (6) xūn
   (7) zūn   (8) cún

3. (1) uè   (2) uǎn   (3) uè
   (4) üè   (5) ùn   (6) uǎn

녹음 내용

1. (1) juān   (2) juǎn   (3) què
   (4) quē   (5) xūn   (6) xùn
   (7) quán   (8) quǎn   (9) èr
   (10) ér   (11) lüè   (12) lüē

2. (1) xuàn   (2) jūn   (3) yuè
     (4) yǎn   (5) nǎr   (6) xūn
     (7) zūn   (8) cún

3. (1) xuè   (2) xuǎn   (3) juè
     (4) lüè   (5) yùn   (6) yuǎn

연습 문제 정답 및 녹음

1. (1) C   (2) B   (3) A

녹음 내용

(1) 我六岁。
    Wǒ liù suì.
(2) 我属龙。
    Wǒ shǔ lóng.
(3) 您多大年纪?
    Nín duōdà niánjì?

3. (1) 十九岁 shíjiǔ suì   (2) 龙 lóng
    (3) 一千 yìqiān   (4) 一万 yíwàn

4. (1) A   (2) D   (3) C

6과

회화 해석

장웨이: 너는 어떤 전공을 배워?
김지혜: 나는 경영학을 공부해.
장웨이: 너는 언제 졸업해?
김지혜: 나는 내년 2월에 졸업해.

연습 문제 정답 및 녹음

1. (1) B   (2) B   (3) C

녹음 내용

(1) 我学经营学。
    Wǒ xué jīngyíngxué.
(2) 我明年二月毕业。
    Wǒ míngnián èr yuè bìyè.

(3) 我九点回家。
    Wǒ jiǔ diǎn huíjiā.

3. (1) 学 xué
    (2) 毕业 bìyè
    (3) 二月 èr yuè
    (4) 二零二四年 èr líng èr sì nián

4. (1) A   (2) D   (3) C

7과

회화 해석

김지혜: 너 요리 할 줄 알아?
장웨이: 나 요리 할 수 있어.
김지혜: 너는 어떤 요리를 할 수 있어?
장웨이: 나는 볶음밥과 토마토 달걀 볶음을 할 줄
      알아. 다 맛있어.

연습 문제 정답 및 녹음

1. (1) B   (2) B   (3) A

녹음 내용

(1) 我会说汉语。
    Wǒ huì shuō Hànyǔ.
(2) 我会做饭。
    Wǒ huì zuò fàn.
(3) 老师很高兴。
    Lǎoshī hěn gāoxìng.

3. (1) 做饭 zuò fàn
    (2) 炒鸡蛋 chǎojīdàn
    (3) 说 shuō
    (4) 炒饭 chǎofàn

4. (1) D   (2) A   (3) C

8과

회화 해석

장웨이: 너는 뭐 하는 것을 좋아해?
김지혜: 나는 영화 보는 것을 좋아해.
장웨이: 토요일에 너는 무엇을 했어?
김지혜: 나는 친구와 영화를 봤어.

연습 문제 정답 및 녹음

1. (1) C   (2) B   (3) A

녹음 내용

(1) 我和朋友看电影了。
    Wǒ hé péngyou kàn diànyǐng le.
(2) 我和妈妈买东西了。
    Wǒ hé māma mǎi dōngxi le.
(3) 去年我去中国了。
    Qùnián wǒ qù Zhōngguó le.

3. (1) 电影 diànyǐng   (2) 喜欢 xǐhuan
    (3) 咖啡 kāfēi   (4) 买 mǎi

4. (1) A   (2) D   (3) C

9과

회화 해석

김지혜: 너 오늘 학교에 올 수 있어?
장웨이: 갈 수 없어. 나는 일이 있어.
김지혜: 내일은?
장웨이: 내일은 갈 수 있어.

연습 문제 정답 및 녹음

1. (1) C   (2) C   (3) A

녹음 내용

(1) 我能去学校。
    Wǒ néng qù xuéxiào.
(2) 我有事。
    Wǒ yǒu shì.

---

(3) 我不能打电话。
    Wǒ bù néng dǎ diànhuà.

3. (1) 来(去)学校 lái(qù) xuéxiào
    (2) 工作 gōngzuò
    (3) 钱 qián
    (4) 时间 shíjiān

4. (1) A   (2) D   (3) C

10과

회화 해석

장웨이: 안녕! 나는 장웨이라고 해.
김지혜: 안녕! 만나서 반가워.
장웨이: 우리 위챗 (친구) 추가 (좀) 할까?
김지혜: 좋아. 어떻게 추가해?
장웨이: 내가 너를(너의 QR 코드를) 찍을게.

연습 문제 정답 및 녹음

1. (1) A   (2) C   (3) B

녹음 내용

(1) 晚上一起喝酒，怎么样?
    Wǎnshang yìqǐ hē jiǔ, zěnmeyàng?
(2) 你看一下。
    Nǐ kàn yíxià.
(3) 这个怎么说?
    Zhè ge zěnme shuō?

3. (1) 加 jiā   (2) 扫 sǎo
    (3) 走 zǒu   (4) 微信 Wēixìn

4. (1) C   (2) A   (3) D

加	jiā	동 추가하다, 더하다
见	jiàn	동 만나다, 보다
叫	jiào	동 (~라고) 부르다
今年	jīnnián	명 올해
今天	jīntiān	명 오늘
经营学	jīngyíngxué	명 경영학
酒	jiǔ	명 술

K

| 咖啡 | kāfēi | 명 커피 |
| 看 | kàn | 동 보다 |

L

来	lái	동 오다
老师	lǎoshī	명 선생님
了	le	조 동작 혹은 행위의 완료를 나타냄
留学生	liúxuéshēng	명 유학생
龙	lóng	명 용

M

吗	ma	조 의문을 나타내는 어미조사
妈妈	māma	명 엄마, 어머니
麻辣烫	málàtàng	명 마라탕
马	mǎ	명 말
买	mǎi	동 사다
忙	máng	형 바쁘다
美国	Měiguó	고유 미국
米饭	mǐfàn	명 쌀밥
名字	míngzi	명 이름

| 明年 | míngnián | 명 내년 |
| 明天 | míngtiān | 명 내일 |

N

哪	nǎ	대 어느
呢	ne	조 ~은?, ~은요?
能	néng	조동 ~할 수 있다
你	nǐ	대 너, 당신
你们	nǐmen	대 너희들, 당신들
年	nián	명 년
年纪	niánjì	명 연세
牛	niú	명 소

P

| 朋友 | péngyou | 명 친구 |
| 漂亮 | piàoliang | 형 예쁘다 |

Q

| 钱 | qián | 명 돈 |
| 去 | qù | 동 가다 |

R

人	rén	명 사람
日	rì	명 일
日语	Rìyǔ	명 일본어

S

扫	sǎo	동 스캔하다, 쓸다
蛇	shé	명 뱀
什么	shénme	대 무엇, 무슨
什么时候	shénme shíhou	언제

生日	shēngrì	명	생일
十九	shíjiǔ	수	19, 열아홉
时间	shíjiān	명	시간
事	shì	명	일, 사건
是	shì	동	~이다
书	shū	명	책
属	shǔ	동	~띠이다
鼠	shǔ	명	쥐
说	shuō	동	말하다
岁	suì	양	세, 살(나이를 세는 단위)

T

兔	tù	명	토끼

W

晚上	wǎnshang	명	저녁, 밤
微信	Wēixìn	고유	위챗(Wechat)

X

喜欢	xǐhuan	동	좋아하다
下周	xiàzhōu	명	다음주
星期六	xīngqīliù	명	토요일
行政学	xíngzhèngxué		행정학
幸会	xìnghuì		만나뵙게 되어 반갑습니다
学	xué	동	공부하다, 배우다
学生	xuésheng	명	학생
学校	xuéxiào	명	학교

Y

羊	yáng	명	양
也	yě	부	~도
一起	yìqǐ	부	함께, 같이
一下	yíxià	양	한 번, 좀 ~하다
英语	Yīngyǔ	명	영어
有	yǒu	동	있다
月	yuè	명	월
越南	Yuènán	고유	베트남

Z

再	zài	부	또, 다시
怎么	zěnme	대	어떻게
怎么样	zěnmeyàng	대	어떠하다
这	zhè	대	이, 이것
中国	Zhōngguó	명	중국
猪	zhū	명	돼지
专业	zhuānyè	명	전공
走	zǒu	동	걷다, 가다
做	zuò	동	하다, 만들다

① 이름 묻고 답하기

A: 你叫什么名字?
Nǐ jiào shénme míngzi?

B: 我叫金智慧。
Wǒ jiào Jīn Zhìhuì.

② 국적 묻고 답하기

A: 你是哪国人?
Nǐ shì nǎ guó rén?

B: 我是韩国人。
Wǒ shì Hánguórén.

③ 신분 묻고 답하기

A: 你是学生吗?
Nǐ shì xuésheng ma?

B: 我是韩国大学的学生。
Wǒ shì Hánguó dàxué de xuésheng.

④ 학년 묻고 답하기

A: 你大几?
Nǐ dà jǐ?

B: 我大四。
Wǒ dà sì.

⑤ 전공 묻고 답하기

A: 你学什么专业?
Nǐ xué shénme zhuānyè?

B: 我学经营学。
Wǒ xué jīngyíngxué.

⑥ 능력 묻고 답하기

A: 你会说汉语吗?
Nǐ huì shuō Hànyǔ ma?

B: 我会说汉语。
Wǒ huì shuō Hànyǔ.

⑦ 나이 묻고 답하기

A: 你今年多大?
Nǐ jīnnián duō dà?

B: 今年二十四岁。
Jīnnián èrshísì suì.

⑧ 취미 묻고 답하기

A: 你喜欢做什么?
Nǐ xǐhuan zuò shénme?

B: 我很喜欢看电影。
Wǒ hěn xǐhuan kàn diànyǐng.

⑨ 졸업 시기 묻고 답하기

A: 你什么时候毕业?
Nǐ shénme shíhou bìyè?

B: 我明年二月毕业。
Wǒ míngnián èr yuè bìyè.

⑩ 중국 현지 근무 가능 묻고 답하기

A: 你能去中国工作吗?
Nǐ néng qù Zhōngguó gōngzuò ma?

B: 我能去中国工作。
Wǒ néng qù Zhōngguó gōngzuò.

② 국적

A: 你是哪国人?
Nǐ shì nǎ guó rén?

B: 我是 　　　　　。
Wǒ shì 　　　　　.

① 성명

A: 你叫什么名字?
Nǐ jiào shénme míngzi?

B: 我叫 　　　　　。
Wǒ jiào 　　　　　.

④ 학년

A: 你大几?
Nǐ dà jǐ?

B: 我大 　　　。
Wǒ dà 　　　.

③ 신분

A: 你是学生吗?
Nǐ shì xuésheng ma?

B: 我是 　　　　　的学生。
Wǒ shì 　　　　　 de xuésheng.

⑥ 능력

A: 你会说汉语吗?
Nǐ huì shuō Hànyǔ ma?

B: 我 　　　说汉语。
Wǒ 　　　shuō Hànyǔ.

⑤ 전공

A: 你学什么专业?
Nǐ xué shénme zhuānyè?

B: 我学 　　　　　。
Wǒ xué 　　　　　.

⑧ 취미

A: 你喜欢做什么?
Nǐ xǐhuan zuò shénme?

B: 我很喜欢 　　　　　。
Wǒ hěn xǐhuan 　　　　　.

⑦ 나이

A: 你今年多大?
Nǐ jīnnián duō dà?

B: 今年 　　　　　岁。
Jīnnián 　　　　　 suì.

⑩ 외국 근무 가능 여부

A: 你能去 　　　工作吗?
Nǐ néng qù 　　　gōngzuò ma?

B: 我(不)能去 　　　工作。
Wǒ (bù) néng qù 　　　gōngzuò.

⑨ 졸업 시기

A: 你什么时候毕业?
Nǐ shénme shíhou bìyè?

B: 我 　　　　　毕业。
Wǒ 　　　　　 bìyè.